LOCUS

LOCUS

LOCUS

LOCUS

mark

這個系列標記的是一些人、一些事件與活動。

Mark119
那些在青春網的日子

編著：陶曉清
照片提供：于婷、王海玲、方堯慎、朱衛茵、周華
健、林萃芳、凌威、陶曉清、庾澄慶、陳美瑜、陳
修維、曾俊仁、程港輝、楊嘉、葉雲炫、賈志筠、
趙少康、趙偉娟、蔡詩萍、鄭華娟、賴佩霞、蘇來
（按姓氏筆劃順序）

責任編輯：魏珮丞
協力編輯：楊安妮
封面設計：林育鋒
內頁排版：林育鋒、許慈力
校對：陳佩伶

出版 ——— 大塊文化出版股份有限公司
台北市10550南京東路四段25號11樓
www.locuspublishing.com
讀者服務專線：0800-006689
TEL：(02)87123898
FAX：(02)87123897
郵撥帳號：18955675
戶名：大塊文化出版股份有限公司
法律顧問：全理法律事務所董安丹律師

總經銷 ——— 大和書報圖書股份有限公司
地址：新北市新莊區五工五路2號
TEL：(02) 89902588
FAX：(02) 22901658

製版 ——— 瑞豐實業股份有限公司

初版一刷：2016年9月 定價：新台幣380元
ISBN: 978-986-213-720-8

那些在青春網的日子

THE GOOD OLD DAYS OF BCC AM STEREO

陶曉清 ——— 編著

青春網
Live On Air！

趙少康 中國廣播公司董事長

藉著本書我走進時光隧道，來到「那些在青春網的日子」的年代，雖然未躬逢其盛，但字裡行間感受出其中美好的工作氛圍，彷彿也看到了一群向心力極強、優秀的工作團隊，在陶曉清女士總舵之下，讓中廣 AM Stereo 657「青春網」成為當年台灣熱門音樂指標性頻道，更讓西洋音樂的種子藉著頻率傳送全台各地，萌芽茁壯！

曾經有人說中廣的歷史就是一部廣播史，中廣開創了許多廣播史上的新舉，其中青春網正是最閃耀的史頁之一。一九八八年西洋歌曲還只是 Billboard 排行榜或是 American Top 40 的天下，陶女士網羅專精各類西洋音樂的人士擔任青春網 DJ，把當年中文訊息有限的節奏藍調、靈魂樂、重金屬音樂、非主流搖滾、鄉村樂及 New Age 等各類音樂，用國語介紹呈現給聽眾，縮短了音樂與聽眾的隔閡，提供更多樣的選擇，帶領聽眾進入不同類型的音樂國度，對於國內流行音樂的啟迪與推動，及聆聽廣度的開闊，具有十足歷史性的意義。

當年青春網的 DJ 後來被各大電台爭相邀約主持音樂節目，陶女士領軍的種子部隊也成為台灣推廣西洋音樂的中堅隊伍。這也是青春網對台灣西洋流行音樂的另一項極大的貢獻，發掘新人擔綱主持，讓懂音樂的 DJ 新秀有發聲、一展音樂長才的專屬舞台。

在青春網的年代裡，廣播大部分錄音播出，青春網 Live、每天十二小時接續放送，「青春網 Live On Air」也開全音樂電台先驅！同時 call in 接受聽眾點歌與聽眾雙向交流，讓聽眾的聽覺渴望受到重視，這是它雖然是 AM 頻道，卻擁有眾多忠實鐵粉的原因

之一。

陶曉清女士對台灣的流行音樂發展功不可沒，從早年主持《熱門音樂時間》介紹西洋流行音樂，及後來對於國內民歌的推動不遺餘力，獲得了「民歌之母」的美稱。這本書籌備了三年的時間，集合當年所有的工作人員及參與的朋友的生動記述，曾經是青春網的粉絲或西洋歌曲的愛好者，可以從書裡了解到頻道的經營點滴，及感受同仁間的真情感──這也是事隔多年後，大家欣然願意透過文字記錄歡樂，再共享美好時光的最大原因！青春網的精神永遠 On Air！

趙少康在中廣公司訪問陶曉清後的合影。

不怕走過的消逝，
獨怕從來沒走過
——爲陶姐的青春網記憶補白

蔡詩萍 作家、媒體工作者

陶姐傳了個 Line，「青春網要出一本書了，能寫點什麼嗎？」
我也沒有太多猶豫，就答應了。

一九八八年八月十五日，「中廣青春網」開播。一九九四年六月二十日，正式走入歷史。不到六年。那六年，我已經是青春之尾巴的年歲了。聽廣播的比重，跟學生時代相較，差了很多，不過，那年歲也是我自己摸索人生方向、跌跌撞撞最多、心思起伏最盪漾的階段。

一個人，坐在那裡看書，發呆時，聽廣播還是較容易的選擇。

但，我沒有想到，眞要動筆爲陶姐廣播音樂人生的這一段中廣青春網寫點什麼時，還眞是比我以爲的困難些。

不完全因爲我聽得沒有年少時多，而是，我自己的三十歲月，也就那樣飄飄渺渺的，隨著往日時光的消逝而淪爲往日時光了！這很難不令我自己在試著寫些什麼的當下，變得多所躊躇起來，像置身一堆多年收藏的舊書堆裡，硬要挑出一些送給舊書店時，碰到某一些書籍遂聯想到某一些記憶般的，人也跟著沉澱下去了。

我自己的人生角色裡多出一份廣播人經歷，相較於文字、影像的經驗，是三十六、七以後的事了。先是在王偉忠、徐璐時期的「台北之音」，當王偉忠節目的固定來賓。有了這發聲的經驗，其後 POWER 98.9 創台時，便找了我去做晚間的節目，時光不

長，但算是入了廣播之門。後來在中廣流行網，承攬時段製作節目的廖婉池（廖姐）找了我，讓我試試早上七點到九點的黃金時段。我一試就做了近五年多之久，那已然是中廣的松江路時期了。這段中廣經歷，是我跟陶姐的廣播生涯，可以套上關係的一段吧！雖說那時，陶姐的青春網已經結束了。但台裡盡是昔日與陶姐一塊打拼的工作人員，乃至於部分節目主持人都還在線上。彼此碰上閒談聊天之際，很難不觸及陶姐與她的廣播時代。

廣播有多迷人呢？

我大學時期，宿舍裡，到了晚間時刻，要看電視，必須到附設餐廳裡看，一堆人圍在那兒，港劇《楚留香》乍紅之際，廣東腔、台灣國語、台語、英文等等彼此交錯，好不熱鬧。不想湊熱鬧的，便膩在七八人擠一窩的房間，看書聊天聽廣播。很多節目都聽，但午夜凌晨交遞時，〈Morning Has Broken〉音樂聲起，一天要結束了，廣播陪著我們一夜一夜的走過青春。

廣播有多迷人呢？

我自己很幸運。在決心「棄學從媒」之後，有機會分別嘗試以文字、以影像、以聲音為主體的媒體，雖然說，這些側重面不同的媒體，彼此間仍關聯頗多，可是側重面的不同，則構成了每種媒介獨特的氣質與文化。

廣播有多迷人呢？

看電視，影像是主角，聲音不可或缺，但光看畫面，我們依然抓得住情節。閱讀時，文字是主角，我們的專注，成關鍵，出不出聲，無所謂。聽廣播，則讓我發現，聽覺最可一心兩用，甚至三用。一邊聽主持人娓娓道來，一邊聽音樂，一邊做自己手邊的事，一邊讀讀書。

廣播有多迷人呢？

電視人若想多塞一些什麼理念、理想給觀眾，最麻煩的是畫面，畫面單調，效果就打折。廣播人則輕鬆多了，只要能娓娓敘述，條理分明；只要能一問一答，呼應得當；再怎麼複雜、深邃的題材，都可以讓聽眾深深陶醉。這就是廣播迷人之處，可深可淺，無所不談，加上成本確實比電視便宜多了，各類音樂都可以找到自己的時段，自己的聽眾。在電視沒有竄起前，廣播固然風光，在電視已然成主流之後，廣播依舊能分一杯羹！即便在網路數位、智慧手機當令的現今，廣播依然屹立於多媒體之

間，努力站穩自己根基。而，分眾、多元的社會特質，則讓廣播仍然成為許多文化人、媒體人、公共知識分子，借重發聲的舞台！

誰說廣播不迷人！

正因為廣播不死，那些每段時期，都努力在廣播中樹立風格，傳遞想法的廣播人，都是值得感念的。

陶曉清陶姐無疑是這樣的一位廣播人。
從民歌風潮的推波助瀾，從協助資淺的音樂人藉由廣播發聲，逐漸進入主流，從培養年輕的廣播接班人前仆後繼，代代傳承，陶姐都交出過漂亮的成績單。

我翻著一篇篇懷舊往日青春網的文字，彷彿自己也重溫了那段我已經淡淡模糊的單身生涯。凡走過的，終必消逝於滾滾的江河之中，這是人生的鐵律，不必憂傷。然而，我們至少要為自己活過的年歲，燃燒出一點點關於熱血靈魂的見證。

青春網的歲月，當如是看！陶曉清陶姐的廣播人生，當如是看！

記得「青春網」

馬世芳　廣播人、作家，曾獲三座廣播金鐘獎

仁愛路三段五十三號，那地方現在已經蓋起了高聳入雲的豪宅，然而只要閉上眼，我仍能細細憶起那幢被鏟平之前的，現在想起來其實並不太大的「中廣大樓」，那是我從小就混得很熟的地方——我是播音員的孩子。母親從小就常帶我去電台，偶爾工作忙不過來，還會讓我自己招計程車過去找她。

首先，院子入口有間警衛室。戒嚴時代，電台是「保防重地」，但警衛阿伯都認得我，所以揮揮手就放行了。穿過院子，左邊還有一幢樓房，高懸著中廣的標幟和遒勁的「自由中國之聲」六個大字。走進門廳，地板鋪著溝紋密密的深紅塑膠毯，若是下雨天，鞋底總會踩出嘰嘰的聲音。來客得在門廳接待處填表登記，但裡面的叔叔也認得我，就讓我進去了。左轉是著名的中廣音樂廳（我曾參加的「中廣兒童合唱團」每週在那兒集合練唱，八〇年代末薛岳在「青春網」主持的《週日新鮮派》在那兒辦過許多搖滾演出，包括肝癌消息曝光後他主持的最後一集節目，他唱〈失去聯絡〉，所有人哭成一團）。右轉有一間極大的錄音室，是錄廣播劇的場地，擺著許多製造聲效的道具，包括一座可以推著走的木頭樓梯。

直直穿越大廳，樓梯向左右分開。往上走，有一處角落陳列種種電台歷史文物，牆上掛著課本裡老蔣總統宣布全面抗戰那幀「養天地正氣法古今完人」的仰角照片。記憶中，櫥窗裡便展示著那支沾過總裁口水的老式麥克風，和許多古舊的電波發射器、真空管之類歷史器材。除了偶爾到訪的外賓，大概只有我這個孩子，會對著櫥窗裡那些乏人問津的陳舊物事痴痴傻看吧。

那時候，我也當過小小播音員，在《兒童的音樂世界》錄過講故事的單元。不過那壓根兒說不上專業，就是好玩而已。真正踏進廣播這一行，還是得從「中廣青春網」說起。

一九八九年暑假考完大學聯考，等著上成功嶺。在「青春網」主持老歌節目《回到未來》的藍傑阿姨邀我在她的節目開一個單元，詳細介紹披頭四（The Beatles）——或許她看到了我在高中校刊寫的披頭四文章吧。我剛滿十八歲，正巧是母親二十多年前開始做廣播的歲數，藍傑便是正式帶我「入行」當 DJ 的恩人了。

當時母親是「中廣青春網」總監，它是台灣第一個鎖定年輕聽眾，全天候播放流行音樂的電台，集合了一批台灣廣播史上最最放肆乖張、在老播音員耳裡簡直「動搖國本」的年輕 DJ——啊是的，那時候年輕人不說「節目主持人」，要改稱「DJ」了。「青春網」的 DJ 幾乎沒有人在乎「播音員國語」，ABC 腔、廣東腔、英文腔、台語腔……葷腥不忌冶於一爐。須知在此之前，任何人要在官營電台做節目，一口「播音員國語」永遠是最起碼的條件。「青春網」率先打破規矩，從此解放了收音機的「口音」。此外，「青春網」也是台灣第一個開放「現場叩應（call-in）」的官營電台。當年媒體尺度不比現在，萬一叩應被「匪諜」或者「少數陰謀分子」滲透，當著全國聽眾大呼反動口號，必將驚動層峰、株連無辜。於是特別規定「叩應」內容必須先錄下來，確定沒問題再播出。收音機裡的叩應，其實是幾分鐘前錄的。

青春網那群 DJ，個個生毛帶角：熱愛重金屬的 Robin（後來進軍電視圈，成為賽車評論員）、主攻重搖滾老搖滾的楊嘉和于婷（人稱「搖滾皇后」），專精爵士樂的賴聲川、介紹英倫「新音樂」的程港輝（爵士樂功力也極深厚）、主講鄉村樂的蔣國男，都是「活字典」等級的厲害角色。彼時舶來音樂資訊珍罕難尋，陣容華麗的「青春網」DJ 就是盜火的普羅米修思，每天送來的電波，都埋藏著啓蒙的密碼。

藍傑是楊嘉的姐姐，早年曾經做過翻版唱片生意，除了排行榜金曲，也曾引進許多西洋搖滾前鋒作品。楊嘉始終在唱片圈工作，藍傑的正職卻是壽險業務。這對姐妹音樂知識極其淵博，節目各擅勝場：楊嘉口味比較重，精神核心偏向七〇年代前衛搖滾與重搖滾，藍傑的情感則更靠近五、六〇年代的搖滾啓蒙期，氣質溫潤一些。

總之藍傑約我喝咖啡，我帶著一冊密密麻麻寫滿研究筆記的本子赴會，忐忑而興奮地做了一場披頭四歷史大河劇暨廣播節目專題規劃簡報。她似乎對節目內容一點兒都不操心，悠悠聊了些不甚相關的家常話題，便把這事講定了。自此我每週在《回到未來》擔任客席 DJ，固定到仁愛路三段五十三號報到。

從中廣大廳樓梯上去左轉，彎進窄窄的走廊，便會通到第八控制室，簡稱「八控」，你遠遠就知道那是青春網的專屬錄音間，因為它從裡到外貼滿了搖滾海報。青春網是當年唯一規定所有主持人都必須「自控自播」的電台，DJ 必須坐在中控台，一邊講話，一邊操作兩部 LP 唱盤、兩部 CD 機、一排匣帶機、兩部卡式錄音座、兩部盤帶機……。右手邊那面牆排滿了 CD，左邊和後面的牆則排滿了匣帶，包括台呼、jingle、廣告、片頭片尾、串場音效、常備歌曲和每週更換的推薦新歌──現在的電台已經看不到匣帶，全部改用電腦，連 CD 播放機都愈來愈少用了。

一九八九年夏末，《回到未來》披頭單元第一次錄音。我全身僵硬，耳機裡聽到自己的聲音極其彆扭。ON AIR 紅燈一亮，藍傑簡單開了個頭便讓我接著講。我一口氣獨白十二分鐘，纔讓她有空插嘴播歌。然而她一點兒都不著急，微微笑著，讓出空間，讓我自己慢慢找到更合適的節奏。那一天，開啟了我的「DJ 生涯」。

那年頭的聽眾實在很夠意思。廣播聽完，心情激動，於是專程去文具行買信封信紙郵票，寫下洋洋灑灑的收聽心得，出門找郵筒寄出，然後天天守著收音機，期待主持人會提到自己的名字──這樣的場景，如今早被臉書和網路留言板取代。然而當年連家用傳真機都不多見，除了現場「叩應」，信封信紙就是你和「收音機裡那個人」唯一的互動管道了。

中廣畢竟是電台霸主，台澎金馬甚至福建沿海都聽得到「青春網」，聽眾回信也來自四面八方：中學女生常把信紙摺成花里胡哨的立體工藝品，我拆讀之後永遠摺不回原樣。準備聯考的高三男生密密麻麻寫了四五張信紙痛陳教育體制的扭曲與不義，彷彿我是世間唯一能理解他的人。一次重感冒，我請聽眾原諒自己講話甕聲甕氣，東部一位在便利商店值夜班的女孩竟親手織了圍巾寄來。還曾經收到一封監獄來信，薄薄一張十行紙，字跡工整，稱讚上星期節目放的吉米韓崔克斯（Jimi Hendrix）。受刑人寫信大概有字數限制，內容很短，段末還有典獄長之類的審批印章。

這些來信，讓我初次窺見廣播這一行的魅力與風險：原來我在節目裡放的歌、說的話，真的會對素不相識的人產生不可預期的影響。我才十八歲，卻驟然感受到「公器」兩字沉甸甸壓在肩頭──雖然我的初衷，只是想放放老搖滾過把癮而已。

我始終夢想能擁有一個完全屬於自己的節目。大二暑假報名參加「青春網」DJ 儲訓班，學會操作「八控」所有的播音機具，包括那座巨大的盤帶機。後來屢獲金鐘獎的袁永興那時也還是大學生，是一起受訓的「同梯」。如今名滿天下的吳建恆當時初出社會，考進「青春網」擔任節目助理，待遇菲薄，工作卻很辛苦。那個夏天，是我生平僅有的正式「播音員訓練」。上完所有課程，每個學員都要錄一輯自製節

目作爲期末驗收，交給資深 DJ 群評分。儘管我結訓成績名列前茅，中廣長官考慮母親身爲總監仍宜「避嫌」，終究沒有讓我「扶正」當主持人。「自己的節目」這個夢想，得再等幾年才能成眞，當年學的那些本事，卻始終受用。

彼時「青春網」借鏡美式廣播風格，力求生動活潑的「臨場感」，最忌逐句唸誦廣播稿，更忌言不由衷的熟詞套語。我們學到廣播的大敵是「死空氣（dead air）」——寂靜無聲的「冷場」。電台從開播到收播，中間絕不能出現超過五秒鐘的「dead air」。事實上，幾乎所有稍微像樣的電台都有自動防止「dead air」的機制，萬一「冷場」秒數超過設定上限，播音系統會自動插播音樂，工程部則不免兵荒馬亂，檢查直播器材是否出了問題。

「防冷場」是每個 DJ 的本能，內行 DJ 都會利用歌曲前奏、間奏、尾奏插入口白，避免 dead air 趁隙而入。我們學會在播歌同時切換耳機頻道，計算下一首歌的前奏與間奏秒數，務求開場口白剛好收在演奏完結、歌聲初起處。若歌曲沒有前奏（DJ行話稱爲「cold」），也可以利用前一首歌的尾奏介紹下一首歌，或者挑一段襯底音樂作爲過場。一旦駕輕就熟，接歌、插話，都可以和呼吸一樣自然，一段短短的口白便可以製造懸念、煽動情緒、轉換氣氛。這些技巧現在未必稀罕，當時卻很新鮮，在「青春網」之前，只有講英文的 ICRT 聽得到這種風格。

當年的訓練，讓我和許多同行一樣，養成了「防冷場」的本能。即使出了錄音室在人前講話，遇到一兩秒鐘的空隙，也有出聲「填補」的衝動。幸好稍有自覺，總算沒有變成老愛插嘴、自言自語又滿口廢話的傢伙。

節目做得多了，我也嘗試體會廣播這門媒體的特質。我發現「聽廣播」常常是私密的「一對一」經驗，許多人開著收音機只爲驅趕寂寞，所以我想，或許可以試著營造「促膝密談」的氣氛，精心掌握「你」、「我」、「我們」這些詞的落點。廣播沒有視覺刺激，一切全憑聲音，所以訊息量必須精準拿捏，不可貪心，「鬆」一點，效果或許更好，語速也宜放慢。初做節目，一緊張就愈講愈快，惟恐準備的材料用不完，後來發現自己覺得「慢」的時候，聽起來反而剛剛好。

我還發現，廣播聽眾有太多游離的「過路客」，他們無所謂現在是誰主持、正在進行什麼主題，只要音樂不難聽，主持人聲音不討厭，他便可能勾留在這個頻道。

節目進行的每一秒鐘，都可能有「新客人」轉進來，你得盡全力留住他，不讓他轉台，而這並不簡單。於是即使進行的是連續好幾輯的主題，我也假定每次至少有一半聽眾是初次收聽的「新客人」，這樣做起節目，口氣就不一樣了——廣播跟任何

媒體一樣，絕不能「關門自爽」，我覺得這樣的認知，也是播音員對待聽眾的起碼「禮貌」。

一九九三年畢業入伍，「青春網」也因電台政策改變，節目大幅調整，苦撐一陣，忍痛收攤。「青春網」結束多年之後，仍遇到好幾位初識的朋友告訴我：當年他們如何把我的廣播單元逐週錄成卡帶、編號珍藏，甚至拷貝一份放在學校音樂社團，當成同學「自修搖滾史」的教材。廣播原是「朝生暮死」的媒體，竟能獲得這樣的待遇，足見當年樂迷多麼求知若渴，「青春網」影響又是多麼深遠。

二○○五年藍傑罹淋巴癌辭世，時年五十五歲。從十八歲暑假第一次在《回到未來》放披頭算起，我的「播音員生涯」，竟已占據一大半的人生篇幅，眼看還要繼續下去。然而每在播音檯坐定，戴上耳機，「播音中」紅燈亮起，興奮期待之情，仍會油然而生──我從未厭倦這份工作，或許正因為從來不曾把它當成一份「工作」。然而，我也始終沒有忘記這支麥克風是「公器」，從來不敢輕忽以對。

謹以此文，向當年領我入門、教我入行的前輩致敬。

（改寫自作者〈我如何成為一個播音員〉一文，二○一○年）

民歌四十在小巨蛋演出謝幕時,陶曉清和馬世芳合影。

目錄 ━━━━━━━━

Part 2 青春網的DJ們

這些風格各異的DJ令青春網不同 ——————— 062

Part 3 青春網的幕後工作人員

企製小組與青春網助理 ——————————————— 156

Part 4　青春網的活動與聽眾

我在青春網自控自播,好清楚的看到所有的器材!

緣起

在病床上，才打完小紅莓的點滴，我的身體感覺非常的虛弱，但是因為白天一直在近似昏睡的狀態，此時夜深人靜，我竟然精神十分的亢奮起來。

住院期間我身邊總有兩個本子，一個專門寫跟身體狀況與治療有關的細節，另一個則書寫心情與想法。

我突然文思泉湧了起來，拿起了本子跟筆，做起了一個我當時一點都不知道可不可能完成的計畫。

我真的不知道我還能活多久，一直知道人世很短暫，終有一日時間到了就要離去。是在得知自己罹患了乳癌之後，似乎腦門上被敲了重重的一記——啊！我的時候不多了！腦子裡早就知道的現實，用我的身體來告訴我，死亡活生生的擺在我的眼前了。

我竟然沒有什麼好埋怨的，那時六十七歲，回顧自己的生命，覺得很豐盛、很滿足。父母都因癌症過世，家族的遺傳使我一直當心自己的身體，確診的時候我的反應是：「啊！輪到我了！」治療期間醫生告訴我一切的活動盡量正常參與，我只是取消了幾個國外的行程。

那天就在我精神很不錯的時候，我想著我還有什麼事是想做還沒做的。於是我一路的寫啊寫的，寫了很多頁的札記。

我想出關於青春網的一本書，就是在那個晚上起心動念的。

我找了一些當時曾經共事的同事來討論，如果要出跟青春網有關的書，要以什麼樣的內容、什麼樣的宗旨才能又好看、又有價值跟意義呢？因為我不想這本書只是一些老人家回顧自己的當年勇。

我們還真是擬定了一個目標，並開始行動，先努力把曾經一起工作的人找回來，一次又一次的聚會，發布消息希望大家能找出當年的照片，能開始寫一些回憶。

不過可能是我那時還不夠積極，事情一拖就到了民歌四十年。出版的緊迫性遠遠超過了青春網，但是我還真的把這兩件事都放在心上，於是跟大塊出版社的郝明義先生談合作

青春網時期的我,上邊背景是一排放匣式帶的架子,下邊這張我手扶著的是放專輯的架子。

時，就兩本書一起談了。

《民歌四十》的出版相當不錯，大家都很滿意。接下來就是青春網的書了。

我們確實已經聚會過許多次了，大家也似乎都表達出很感興趣的樣子。不過，雖然有些零星的照片被貼到我們新設的臉書粉絲頁上，我一直期待的文章卻遲遲的不見有人寫。遠在美國的老友賈志筠看不下去了，她問我是不是清楚地告訴了大家這本書出版的目的，是不是想好了出書的收入將來是誰的？然後可以用來做什麼？大家都已經不再是當時的小朋友了，許多人都各忙各的，他們或許只是喜歡聚會而不見得都想寫稿或出書。

對啊！之前跟出版社開會時也提到過簽約是要跟誰簽的問題。

這書會有多少可能的收入呢？第一版的版稅大概都會用來支付稿費與一些必要的開銷了。之後呢？萬一書大賣呢？

這時我再一次面臨抉擇──到底要怎麼辦呢？

看看日曆，啊！今年我要過七十歲生日了！

我想起來，當我決定從中廣退休時，我的這些青春網的朋友們就曾經為我設計了一場非常感人的退休Party，每個人都來參加了。我可以請他們替我想出的書寫稿做為我的七十生日禮物啊！既然是禮物，就可以不必勉強，不是每個人都非寫不可，既然是禮物，我也可以全權決定如何使用它們。如此一來，名正言順地成為書的編著者，就由我直接面對出版社簽約了。

於是我開始籌畫這個小「陰謀」，先去看了適合的場地，決定了日期，發出邀請函，把當時在我擔任總編導時期的工作夥伴──主持人、企製、助理，還有當時重要的媒體人與唱片公司宣傳──都找來了。在二〇一六年一月三〇日下午舉行一個我的生日派對，我開心的跟大家聚會，收受大家慷慨致送的禮物。

我從中廣退休那年是一九九四年，大家幫我辦的退休 Party 跟這次七十歲的 Party，都有個簽名簿，上邊是之前的，下邊是這次的封面。

這本書就這樣開始了！

Part 1__青春網的推手們

青春網是中國廣播公司自一九八八年至一九九五年期間，

為青少年而特別開闢的頻道，

以西洋熱門音樂為主。

當時的國內部主任李志成找我去規劃這個頻道，

我們用了幾個月的時間籌畫，開創了台灣廣播史上雖短，

卻影響重大的一頁……。

因為有他們
才有台灣最前衛的廣播頻道

List

李志成

Richard Calder

凌威

楊嘉

賈志筠

他們推動了青春網

在這一章出現的都是籌畫青春網時期重要的人物，分別是當時的中廣節目部主任李至成、ICRT 資深廣播人 Richard Calder、DJ：凌威、楊嘉、賈志筠。

李志成是我當時中廣公司的主管，若不是他交代任務給我，這個台灣第一個西洋音樂的廣播頻道不會成立，也不會有機會在當時相對保守的時空背景下，實驗許多開創性的想法，引領一股新的風潮。

Richard Calder 是因應新型態的「自控自播」廣播形式所請來指導 DJ 的導師，他教導我們早已盛行於美國的廣播方式，與音樂融合一體，訓練出第一批台灣本土 DJ。此外，我們的新型態的錄音室也是他幫忙設計訂做的。在軟硬體都完善的狀況下開播，使青春網有別於台灣以往的廣播頻道。

凌威不但在開播時期就主持夜間時段的節目，還提供了中廣公司第一個企製小組的構想，讓節目的呈現更多元豐富，有趣活潑的單元設計和節目內容，在創意表現上特別突出，也增添了青年學子對青春網的高度黏著度。

楊嘉是我接到任務後第一個諮詢的對象，多年來她一直是我背後主要的支持力量。她後來也主持《強力放送》節目。

賈志筠是因為髮禁與舞禁解除時台灣第一位女性舞曲 DJ，跟她結緣後，我們一起參加過許多成長課程，我們是完全不同個性的人，但是卻可以互補，因此她成為我最強的後盾，後來也擔任企製組長多年⋯⋯

李志成

沒有他就沒有青春網

李志成在二〇一六年一月三十日的 Party 中的留影。

提到青春網，一定要先提起我當時的主管——中國廣播公司的國內部主任——李志成先生，是他交付給我這個任務的。我從中廣退休時，他還代表公司送了一個紀念牌給我，上面寫著：「曉清小姐榮退紀念，永遠的中廣人」，時間是民國八十三年三月三十一日。

這麼多年了，我從來沒有問過他，當時公司為什麼會有這樣的決定？因為我在中廣工作了將近三十年，雖然自己一直很自由自在的，幾乎隨心所欲地做自己愛做的事，但是這樣一個老大機構，會願意為年輕人重新打造一個頻道，一切重新來過，裝修新的錄音間，調整全新的人事架構，讓青春網能有自己的台呼，擁有自己的 Logo，印自己的信封信紙，同意讓說起國語來不是字正腔圓的另類主持人主持節目，邀請對音樂有興趣的歌手加入主持人的行列，接受留著長髮的一群搖滾客擔任企畫製作小組的成員等等，現在回頭想想，真的是一件很令人不可思議的事。

李志成跟我最早在中廣認識的時候，我們都還非常的年輕，但我那時已經是熱門音樂節目的主持人了，後來他有機會出國到「德國之音」去工作，我們就沒什麼聯絡了。再見到他時，他就成為我的主管了。

我想要找李先生談一下當年的往事，卻苦於找不到他。向中廣老同事要來的電話，打去竟然是空號。突然記起幾年前曾經在老貓（李國傑）的公司見過他，於是在臉書上留言給目前跟老貓合作的朋友，請他幫我詢問。找到了李志成，我真的很開心。電話中我們很快地約定了見面的時間地點，我約了我的老友楊嘉一起去見他。我們約好二〇一五年十一月六日上午十一點半，在福華飯店二樓的 coffee shop 見面。

這次見面我才知道，李志成一直都很關心廣播，從德國到了美國，學的也都是跟廣播相關的主題。學成歸國時，他帶著他的新理想，滿腔熱情地想回中廣好好發展。不過顯然是時機尚未成熟，因為那時的當局者似乎對他的想法並不感興趣。於是，他只好進入中視工作。不過他遇見了唐盼盼先生，一次聚會（據他說是在喝了一些酒之後）他說出了心中的理想，唐先生也聽進去了。後來唐盼盼在中廣海外部與新聞部擔任主管時，也曾經找過李志成，不過李志成都覺得沒有辦法讓他完成他自己的夢想，所以一直等到唐盼盼成為中廣公司總經理的時候，李志成才離開中視，去中廣擔任國內部主任。

邀集各方菁英一起創青春網

他預見到分眾市場的來臨，開始改革中廣公司的頻道。當時中廣的八個頻道，其中四個調頻網重新規劃為音樂網、流行網、閩南語網與新聞網；四個調幅網中，有一個就用來平分給老人家──服務網，與青少年──青春網。

我記得他那個時候找我去他的辦公室，他是這麼對我說的：「陶曉清，妳自己一個人主持節目那麼多年了，想不想再多找一些人來一起搞一個門派？比妳自己一個人做節目好玩！」

這個說法很有趣，我幾乎沒怎麼考慮就很興奮地同意了。我原本就是個喜歡朋友，喜歡熱鬧，又喜歡跟一群人一起完成計畫的人。於是我就一頭栽進了成立青春網的任務裡。

我一直跟當時台北各電台的熱門音樂主持人有著來往，接到這個任務還真是開心，想著可以把這些精通各種不同流派的菁英，集中到一起來為青少年服務，充滿了幹勁兒。於是開始無中生有的一連串會議與計畫。

回首當年 李志成｜文

這是中廣青春網的 Logo，之前還有一個設計是「中廣立體調幅網」，不過沒人愛用那個說法。

七○年代，電視產業已臻全盛，而廣播卻面臨瓶頸，亟思突破困境，找出一條振衰起敝之路。當時我正值接任中國廣播公司國內部主任一職，在唐總經理的支持下，決定仿效美國，將傳統的綜合節目經營理念，轉換成專業類型的電台經營模式，由大眾走向分眾，為爭取更多聽眾做新的嘗試與改變。當時除了強化雛形已成的「新聞網」、「流行網」，另外新開闢了「中廣音樂網」、「中廣寶島網」，並將中廣曾經頗具盛名的調幅 657 千赫頻道，改為以公共服務為主要訴求的「中廣服務網」。專業類型的電台節目陸續播出後，受到了廣大聽眾的喜愛和認同，同時也為廣播同業提供了一個嶄新的經營模式參考。

之後在檢討各個頻道收聽績效時，發現中廣服務網晚上時段的表現並不盡理想，於是在收集各項調查報告資料後，決定針對喜愛熱門音樂的聽眾群，規劃了「中廣青春網」。非常幸運的是，中廣國內部早已有了兩位不但對廣播充滿理想和熱忱，而且對熱門音樂有絕對專業素養的人才：陶曉清小姐和凌威先生。而陶曉清可說是自五○年代開始就是台灣熱門音樂的領航者，同時也在西洋流行音樂領域有豐富的人脈和資源。還記得在我和他們兩位初談青春網構想的第一時間，就立即獲得了他們全力的贊同和支持。不到半年的時間，在青春網所有同仁們日以繼夜的努力下，克服了各種軟硬體的困難，於是台灣第一個，以熱門音樂為製播類型的「中廣青春網」誕生了。

創下許多紀錄的青春網

回想當初青春網的創立，可說是台灣廣播有史以來，第一個以長達十二個小時連續播出熱門音樂的頻道！而在陶曉清總監的主持下，青春網也創造了許多傲人的紀錄：如：她為青春網選拔出的 DJ，不只要求對熱門音樂的絕對專業，而且還得通過嚴格的英語測試。為了這群菁英，她堅持要求公司聘請美國知名電台的專業 DJ 給予他們培訓。她也向公司極力爭取而打造了中廣當時唯一的一間現代化數位自控自播室，讓青春網的這群年輕的 DJ 們能把自己和音樂流暢地融合，為聽眾提供了一場完美的

音樂饗宴。

二十多年轉瞬即過，但這段屬於青春網的美好回憶，並未因時間而褪色。二十多年後，由於陶曉清的熱心，讓青春網的朋友重新聚首，由各自美好的記憶裡，拼湊出曾經有過的歡欣和榮耀。

感謝陶曉清小姐把當年中廣青春網一路走來的點點滴滴集結成冊，也讓我有機會再次向當年青春網無怨無悔付出的夥伴們，表示我最誠摯的謝意！

前排右起：蔣國男、李志成、陶曉清、黃韻玲、Robin、葉孟儒、陳玲；第二排右起：楊嘉、鄭華娟、李方、庾澄慶、嚴謹、張培元、李文瑗、李重周、程港輝；第三排右起：Tim、賈志筠、趙一豪、馬奎元、賴進一、趙偉娟。

Richard Calder

訓練 DJ 自控自播的重要導師

我已經忘記是誰把 Richard Calder 介紹給我的了，但是我非常清楚地記得在跟他討論過了以後，對於未來要一起完成事情，我是非常非常興奮的。

當時 Richard Calder 在台北的 ICRT 電台工作，我記得那時他辭去了 ICRT 的工作暫時到中廣來幫忙，我們真的是從規劃一個新的錄音室開始，配合一個新的型態的廣播時代，購買新的各種機器，訓練所有的主持人。

我們的訓練工作，必須要等錄音室完成了才能正式開始，所以先在會議室進行一些基本概念的訓練，等到錄音室完成了以後，才進到錄音室進入真正的實戰訓練。

青春網是中廣公司第一個使用匣式錄音帶的頻道，為了配合一首歌曲的長度大約五分鐘左右，我們訂製了大量五分鐘的匣式帶，然後錄上最流行的一些歌曲，放在主持人伸手可及的地方，方便自控自播的主持人隨手取用。所有的片頭、台呼、廣告也都使用匣式帶，所以訂製了許多放置匣式帶的架子，方便我們使用。因為過去沒有人用過這樣的器材，所以，我們必須要在事前就訓練大家怎麼錄音，怎麼使用。這就是一件非常有意思的事情了。

我們設計了兩間錄音室：一間是直播時使用，另外一間可以用來提前預錄或者是配合一些不能上現場的特別來賓時使用。

我也是到那個時候才知道，原來中廣公司還有自己的木工呢。錄音室在趕工的情況之下順利地完成，我們找進來的主持人在集體訓練以後，也都各自分到了自己練習的時間。我還記得在開播以前，大家很熱切地爭取時間要在錄音室裡練習的那種熱

Richard Calder——坐者，與正在受訓的 DJ 們。

烈的情況。

我雖然是最資深的主持人了，但是自控自播對我來說，也是平生第一次，因此告訴自己絕對不能夠漏氣，努力地學習如何一邊說話，一邊分心照顧所有的機器。

從 Richard Calder 那裡學來的最重要的一點，是說話的時候要盡量地帶著微笑，這可是我以前從來沒有想到過的事情。他告訴我們，主持人的心情絕對可以透過音波傳達給所有的聽眾，所以我還記得，他讓我們回家面對鏡子一邊笑著、一邊看著自己說話。

這讓我回想起自己當年初任主持人時，還沒投票權呢。老是擔心別人會以為我太年輕，所以要早早就少年老成，有時候還刻意壓低聲音。所以在這個學習過程中，光是這一點就是非常有意義和有價值的了。

為了要出版青春網的書，我上網努力地想要去把這一位老朋友給找到，但是同名的人很多，卻不知道哪一個才是真正的他，也很希望對於這位朋友還有印象的人，可以幫忙一起來協助尋找。

凌威

因為他的建議才有企畫小組

凌威在二〇一六年一月三十日 Party 中致詞。

當時李志成放手讓我去規劃所有的節目，但是他要我保留一個夜間的時段給凌威做節目，而且幾乎是明白地說，所有青春網工作人員只有他一個人是不在我的管轄範圍之內的。我一直很不明白原因，也不記得當時是否問過李志成。想來就算問過，他的答案也是我不能接受的。

我的印象中，凌威經常是很不開心的面容，也從來不來開會，就算偶爾出席了會議，也常常雙手抱胸的坐在邊上的位子，然後用我認為很不以為然的眼神看著我。

我對他的印象之所以不是那麼好，還有件往事。中廣公司每年編列預算給我的《熱門音樂》節目訂購原版的單曲小唱片，所以我的節目內容一直是最新最快的。我每天上節目時都是把我要用的小唱片按順序排好，配合一份節目播出單交給工程部同事——音控人員，他們只要一張接一張的播歌就好。等到它們退出排行榜的時候，我才交給資料室編號並歸檔。我的鐵櫃中就放著這些我經常會使用的小唱片，平時鎖著由我自己負責。

突然有一天，唱片資料室的同事跟我說，晚間節目的主持人凌威提出要求，也要用我正在使用的單曲小唱片，他說這是公家的財產，他身為中廣的主持人之一，也有權使用。我當然不願意，理由很簡單，因為這些唱片在排行榜名單上的時候，我很可能隨時會需要用到它們。再加上我的鐵櫃中還有好多其他的資料，我不願意把我的密碼告訴任何人。所以我告訴資料室的同事，我手邊的小唱片基於現實的需要是

不能出借的。但是已經歸還到資料室的許多唱片，他可以按規定借用。可是他不止一次的透過資料室的同事來跟我溝通，我那時真的覺得很煩，也很煩惱。

我去年跟李志成見面之後，就一直想約凌威見面談談。我們認識與同事很多年了，但幾乎沒有任何私交。這幾年在臉書上遇到他，偶爾的留言彼此是很客氣的，但是真要約著見面，我多少還是有些忐忑不安。

二〇一六年一月初，我們約定在一間咖啡店見面，他一見到我，就給了我一個非常熱情的擁抱，滿臉的笑容，同時又告訴我，當年他是如何的做為一個聽眾而感謝我。我開門見山地問他青春網的往事。

再見面，往事說分明

原來，他聽說有關青春網的事之後，就一直等我找他一起去工作，但我遲遲沒有去找他，他很著急。所以，他去找李志成毛遂自薦。因為李志成也很欣賞凌威，才要求我保留夜間時段給凌威做節目。然後我又想起來青春網是第一個電台有企畫製作小組的，原來這也是他的構想，怪不得一開始的五個成員中，有三個是凌威介紹進來的。

對於開會時他常常不出席，就算出席了也會雙手抱胸，用奇怪的眼神看著大家這件事就更有趣了，我之前的解讀是他對我很不以為然。這也是我從前最擅長做的事——自己編劇，情節往往是對自己不滿的。經過那麼多年後的核對，原來那根本與我無關，而是有的主持人在面對聽眾時說話的態度與他的預期不合，他因此而不爽！我們還談了一些近況，我非常開心能彼此親近，也很高興凌威可以回到青春網的老友俱樂部來。

不過，我當年記的日記中，還是有一些跟凌威共事時並不愉快的記載，其中最讓我難過的還是他在一九八九年的離職，那時他寫了一封公開信，貼在錄音室的門上，說他辭職不幹了，不但離開了青春網，也離開了中廣，他在青春網工作才一年多的時間。

二〇一六年一月三十日，青春網的聚會上，凌威跟李志成坐在一起很長一段時間，想來他們也很久沒見了吧。當年因他引薦青春網的好幾位企製人員：趙一豪、賴進一，與助理王子敬也都出席了。我相信大家在經過那麼長的時間之後，心情與感想都是很複雜的吧！

我與「青春網」 凌威｜文

一九八〇年，我離開任職近三年的復興廣播電台播音員職務，告別了在當年 AM 調幅頻道中算是強檔的西洋音樂節目《青春樂》節目主持人，轉入中國廣播公司擔任大夜班播音員。對於廣播工作滿懷熱情，經過三次嘗試才終於考上中廣的我來說，終是得償宿願。不過，畢竟，我的職務是隸屬「導播組」播報新聞的值班員，主持節目的機會，可難得很。更何況，當時中廣的西洋音樂節目主持，早有「音樂組」FM 頻道中，正牌前輩陶曉清坐鎮。因此我最為嚮往的西洋音樂節目製作主持工作，始終沒有機會。

一九八八年春，公司傳出將由陶曉清擔任總監，籌備推出新型態的「立體調幅青春網」消息。我非常急切地盼望能夠有機會為我最熱切的西洋音樂廣播貢獻所學心力。可是，因為我是大夜班的播音員，上班時間跟大家不同，雖然已經在公司任職八年了，絕大部分同事卻仍是非常陌生，陶姐當然也可能根本不知道我。

眼看離預定開播日愈來愈近，聽聞所有節目主持人都已經確定名單了，可始終沒有任何人詢問、聯絡過我。情急之下，我只好直闖當時國內部經理李志成辦公室，大力毛遂自薦，硬是說服李總答應替我說項，要求陶姐保留了大夜班的兩小時節目主持時段給我。

李志成經理是位睿智熱情的資深廣播人，他讓我暢所欲言地對於青春網的建置藍圖提出很多的想法，其中，我以為最重要的關鍵是，因應青春網的主持群多半是「廣播素人」的情況，應該要成立一個五人以上的「企製組」，專責節目內容設計以及為主持人提供談話與音樂素材。這個建議李先生立刻採納與交辦執行了，我也立即推薦了許多我身邊熱愛音樂的朋友加入青春網成為企製組員或單元主持人。

當然，很可惜的是，我沒有獲選為帶領這個小組的「頭兒」。結果，企製組的工作執行也與我的建言內容有著相當大的落差。這是我對自己廣播工作生涯中，曾經可能有個機會一展所學抱負，卻壯志未酬，感受特別遺憾的一件事。

因為李先生的保薦，我在青春網擔任了深夜節目《熱門圈》主持人。同樣地，又是因為深夜才出入公司，工作時差的關係，我註定成為一個「獨行俠」。大部分電台內的同事對我都是聞其名不見其人，甚至陶姐也沒見過我幾次。

陶姐在那年代銜命隻手打創這麼個沒有前例可循，由制度、軟硬體，甚至機器設備、人才徵詢、內部統合，至對外的行銷、廣告、業務配合、媒體關係等等一切繁瑣大小事全擔的廣播頻道，真是不簡單的事。

青春網建構了一個完全顛覆當時國內所有廣播節目製作演播的「老套」，賦予主持人或媒體本身全新的發揮空間。若說「青春網」成為九○年代以後，至今媒體開放自由的新面貌濫觴，應該毫不為過。

二○一六年一月，跟陶姐咖啡敘舊，我告訴陶姐，她始終是我年輕歲月時的廣播偶像與給予我西洋音樂知識和興趣的啟蒙者。因緣際會曾經成為陶姐的同事，也為曾經間接參與了「青春網」建構，是我的播音員職涯傲事。

凌威年輕時抱著愛狗的照片。

楊　嘉

在後面支持的安定力量

跟台北各電台的熱門音樂主持人認識，好像是透過一個雜誌社的活動，那時我就留下了一些人的聯絡方式，其中比較合得來的人，就在之後有著更密切的聯繫。藍傑是其中之一。經由她的介紹，我又認識了她的妹妹楊嘉。不知道爲什麼，在當時，我就跟楊嘉成爲幾乎無話不談的朋友，我跟楊嘉是在她還在台大念書時就認識了，她比我小十歲，所以我們可以說是忘年之交。

除了在電台主持熱門音樂節目，她後來又到唱片公司工作，從做翻版唱片到出版台灣藝人的創作唱片，一路走來，我看到她對音樂的喜愛與執著。很多時候，我在工作上遇到疑難雜症，特別是在舉辦活動的時候，都會找她談一下，她常常提出非常中肯的意見，同時會跳進來協助，卻一點都不會給我喧賓奪主的感覺。所以在民歌初期，我們組織「民風樂府」，我擔任主任委員，她跟滾石傳播的段鍾沂都是副主任委員。現在回想起來，我們還眞的一起做過好多事情，而過程中，我們的分工又是恰到好處地各自運用了自己的長處。

接到要負責青春網的任務時，我第一個找的人當然就是楊嘉了。我們根據李志成的藍圖，又逐漸加上我們討論過後的人選和工作方式，定出了大致的預算，邀集了一些可能的人選，定下可能開播的日期，每個節目的名稱與節目大致的內容，開始寫簽呈、報告、說明，和各部室之間開會協調，眞的是一切從頭來過。

楊嘉自己主持的節目是週一到週五下午六點到八點的《強力放送》，她的姐姐藍傑主持的是週末專門介紹老歌的《回到未來》。姐妹倆同時在青春網做節目，這也是少有的美事一件。

二〇一六年一月三十日的 Party，楊嘉與凌威相見歡。

這不是幸福是什麼？ 楊嘉｜文

從大學一年級開始，我就在廣播電台主持西洋歌曲節目，那是一個很小的廣播電台，位於當時的圓山商場上面，後面就是圓山動物園。警衛說，半夜值班的人，播音室的門沒關好的話，大象的吼聲，就會傳入麥克風中。

我們這些小電台的西洋歌曲 DJ，都是電台的特約人員，不需要考試，也沒有訓練，都是透過熟人介紹，自備音樂，說兩句英文，學習操縱機器，就開始自行錄製節目了。不過我倒是記得當時導播口頭警告的話，雖然我們電台輸出功率小，只限台北部分地區可以收聽，但是因為地理位置靠近士林，因此官邸能聽得特別清楚，所以說話要分外小心。不管你播什麼歌，每十五分鐘要報一次台呼，還要唸政令宣導，於是在〈Play That Funky Music〉嘶吼完畢後，接下來就是「小心匪諜，人人有責」，或是「處變不驚，莊敬自強」等等。

楊嘉與陶曉清當年在青春網。

和我們的小電台相比，那時的「中廣」對我們來說，就像是座衙門，氣派威武，深不可測。每次走過仁愛路，若是探頭探腦向內張望，還會被警衛揮手趕走。在這裡進出的人士，雖然不盡是西裝筆挺，至少沒看到有人穿牛仔褲。而且中廣的播音員，個個字正腔圓，都是經過正式公開招考，才能坐上播報台的菁英。而我們這種國語不標準，聲音不好聽的門外漢，就算考一百次，也進不了中廣的大門。

還好，不需要考一百次試，拜西洋音樂之賜，十年之後，在好友陶曉清的帶領下，我還是踏入了中廣的大門，正式在青春網做起節目來。

以播出西洋音樂為主的青春網，是中廣的一個創舉，廣播界前輩李志成掌管，策劃人是陶曉清。從民歌演唱會開始，我就經常跟著陶姐辦理演唱會各項雜務。每次開會，桌上總是擺滿一張張的紙片，記滿各項待辦的事情。紙片一張張地揉掉，事情也就一件件地辦完，她的規劃與執著，實在無人能比。一個個 DJ、企畫製作，還有助理人員，就在她的一張張紙片中，組成了一支青春大隊。

因為《強力放送》節目，而接觸的藝人們

當時的我已經在唱片公司從事西洋音樂代理工作，陶姐的電話一來，我就很興奮地主動要求晚上六點到八點的時段，還自己想了一個很東洋味的節目名稱叫做《強力放送》，其實這個名字是從 Power Play 直接翻譯過來。

我的節目以播放流行搖滾為主，當時也加入青春網陣容的歌手薛岳與哈林，還特別進錄音室幫這個節目錄下了片頭音樂，威力十足，可惜這段音樂到現在已經失傳。我們這一群 DJ，年齡大致相當，每個人白天都有不同的工作，但是到了晚上，我們都成為同樣的人，一起做我們喜歡做的事。對我來說，星期一到星期五的白天，要忙著處理自家的音樂，到了傍晚，整整兩個小時，就是我聆聽別家公司歌曲的進修時間。

一九八八年的台灣，西洋音樂愈來愈受重視，不僅西洋代理版紛紛進入台灣，西洋藝人也經常來台灣進行宣傳之旅。我們這些專門播放西洋歌曲的 DJ 正是其中目標。記者會也好，專訪也好，甚至是越洋電話採訪，在青春網的工作機會，讓我能夠接觸到許多搖滾藝人，也接觸到許多不同的創作心靈。

來自美國的歌手，通常會讓我感到比較頭痛。因為他們要不是些可以把旅館屋頂都掀開的新鮮小夥子，就是防禦性極重、拒人於千里之外的大牌。前者你根本別想訪

楊嘉在訪問後，與 Bon Jovi 合影。

問到重點，因為他們對台灣本身，比對做宣傳有興趣得多。一個簡單的問題，他們可以說上十分鐘，或甚至常常在無人發問的記者會上，自導自演，時間就這樣消耗掉了。

而後者則是惜口如金，因為他們已經做過無數次類似的訪問，你又有什麼特別呢？所以你只能得到已經在宣傳資料上看到的標準答案。如果你真的想要特殊一些，那除非你的時間夠長，又或是剛好碰對了他的心情，否則這種車輪式的訪問，每個人十分鐘，打完招呼後，就可以走人了。

記憶中，對 Bon Jovi 的訪問印象深刻，因為除了他們特別親切，說話直接外，還因為牽涉到另外一個人。

那天採訪完後，因為答應雜誌社趕出採訪稿，卻又因為當晚有音樂演出需要盯場，於是我就在後台一邊寫稿，一邊工作。旁邊坐著一位歌手，問我在寫什麼，我老實回答後，他索性把椅子搬過來詳細詢問訪問細節，一臉興奮的神情，他就是張雨生。那時我才了解，歌手原來是從歌迷走過來的。

令人難忘的主持與採訪記憶

主持女歌手 Tori Amos 的記者會，是另一場深刻的悸動。她在舞台上說了很多，包

括她的經歷、她的宗教觀、她的創作。當她說到歌曲〈Me And A Gun〉時，她說那是她的真實經歷，在那個夜晚，那個男人拿著刀，抵住她的背⋯⋯。我想我那個時候是有點糊塗了，怎麼在聽她這首歌的時候，感受不出這是她的親身經歷？又怎麼會想到這個女人會在相隔萬里之外，對著滿屋子的陌生人，自然地說出她的心情？

還記得許多許多年以前，余光中教授曾經在《皇冠雜誌》上寫過幾篇有關西洋民謠女歌手的文章──「聽！這一窩夜鶯。」那個時候我大概才念小學吧。那些 Joan Baez、Leonard Cohen、Judy Collins⋯⋯等人的歌曲，一首也沒聽過。但是余先生筆下清清冷冷的文字，非常吸引我。那天在現場時，腦海中忽然閃過一個念頭，如果余先生也在現場，也聽到這麼自由、自信的歌聲時，他會寫出什麼樣的文字，來形容 Tori Amos 的音樂？這份記憶，彷彿是一幅立體圖像，一直在我的腦海中盤旋，這麼多年，始終未曾忘記。

深刻的印象，並不盡然都是美好的。

我很少訪問國語歌手，因為國語搖滾樂真的太少。不過當時伍佰剛出第一張專輯，那時還叫做吳俊霖。他的宣傳人員認為走的是搖滾路線，所以希望我能安排訪問。

已經不記得當時的細節，只記得訪問安排匆促，我根本還來不及聽音樂，就已經要上現場訪問，心裡極不舒服。可是我沒想到的是，吳俊霖也是被押來上節目的，他根本不想做宣傳，對節目不熟，更不想開口說話。

於是，一場尷尬的訪問就此產生。整個過程大約半小時，他臭著一張臉，我也臭著一張臉；打開麥克風，說不了幾句話就放歌，播歌時更是互不交談，我看著唱片發呆，他轉頭打量錄音室，完全沒有互動；宣傳在一旁陪笑，助理不敢說話，撐過一場天底下最無聊的訪問。

不過後來，無論我生活在哪一個國家，iPod 中始終有吳俊霖的歌。

聽眾點播，期待從音樂中求認同

除了藝人專訪外，開放點播是青春網與其他廣播電台最不同的地方。平均一個小時開放十五至二十分鐘，我對聽眾向來很被動，也不太能體會他們等待的心情。不過透過那些打電話打到死的忠實聽眾，慢慢了解在角落中生活的孤獨少年，以及他們期待在音樂中求取認同的情緒。感謝他們的努力，在後來的日子中，只要聽到記憶中的《強力放送》十大點歌榜的這些歌，我就會想起他們，想起在青春網的日子。

不知道為什麼，寫到這裡忽然想起電影《戰火浮生錄》（*Les Uns et les Autres*）中那段伴隨古典樂〈波麗路 Bolero〉的舞蹈，那位俊美的舞者慢慢地隨著音樂起舞，情緒慢慢地醞釀，腦海中的回憶慢慢湧現，一首首的歌曲，一幕幕的影像，還有……一張張的臉孔……那些青春網的 DJ、助理，與企製們。

無論做什麼事，能有一群志同道合的人一起做，就是幸福！

青春網就是我們共同的記憶

雖然中廣高層有容納年輕人的視野，但是我們這群每天上班的 DJ、助理，與企製，卻是檯面上的中廣私底下的噩夢。只要想想每到夜晚，那位踏著拖鞋，穿著背心，露出一面黑茸茸胸毛的大鬍子 Robin，會在警衛充滿懷疑的眼光下，踏入中廣大門，昂首直上二樓做節目。這幅畫面，可真需要一顆強壯的心臟。

再強的心臟，恐怕也容不下我的「狗兒子」Sushi。這隻壽司狗是我經常夾帶入中廣的寵物，牠是一隻很驕傲的狗，不但懶得發聲，而且對人不理不睬。我和牠的共同祕密就是我在做節目，牠蜷曲在地板上，或是直接擠在我身後狹小的椅背空間中，不出一點聲音。沒有一位聽眾會知道，主持節目的是我們倆。

賈志筠、鄭華娟、Tim、Robin，甚至經常碰不著面的李方、致怡，我們這些 Daily 的主持人，每個人喜歡的音樂都不一樣，節目風格也大不相同，就連日後我們所居住的國家都不一樣，青春網就是我們共同的記憶。

助理與企製小組是 DJ 背後的小鬼，他們都是剛出社會的年輕人，這裡是他們進入正式社會最好的跳板。他們人數不多，而且更動頻繁，但是每個人特色鮮明，都把音樂穿在身上。

喜歡搖滾的一定是一頭長髮，一條破牛仔褲，一件黑色 T 恤，上面不是 Metallica，就是好大的 Fxxx ！喜歡舞曲的一定是一頭短髮，兩邊削到髮根，無論是 T 恤還是襯衫，顏色總是明亮。那些外表看來最正常的，通常鬼點子最多。而那些堅持到最後，沒有改行的，現在都成了廣播與音樂界的大人。

能夠凝結這些來自四面八方的人馬，始終維持一份包容之心的人，就是陶姐了。除了要應付我們這些牛鬼蛇神之外，還要面對來自高層的期望，外在廣告的壓力，還有最重要的：中廣同儕的眼光。要在一個官府機構中做先鋒，除了意志堅定外，還要有幾分真心的傻氣。

那個一直在你生命中，陪伴著你的朋友

二〇〇〇年的某一天，那時我已離開台灣，轉戰於新加坡的國際唱片公司。還記得那是一個星期六的晚上，在馬來西亞與新加坡間奔走的那段時間中，星期六永遠是我回神的時刻。

坐在沙發上，轉換著新加坡少數的電視頻道，忽然中文台出現，正在轉播台灣的「金曲獎」。我坐起身子，遙控器停在那裡，金曲獎正在頒發「特別貢獻獎」，獲獎者是陶曉清。

她走上台去，手拿獎項，開始致詞。不記得她說了什麼，只記得她說起過往的事情，說起一路走來的朋友，我的名字就迴響在千里外的新加坡公寓中，這種毫無防備的突襲，真能讓一個人的情緒瞬間崩潰。

生命中出現這樣一位充滿戰鬥力的朋友，有任何事情都不忘告訴你一聲，有任何機會都不忘提拔你一把，而到最後，她還要感謝你。

這不是幸福是什麼？

記憶中的
《強力放送》
十大點歌榜

Poison—Every Rose Has Its Thorn
Skid Row—18 And Life
Mötley Crüe—Without You
Guns N' Roses—Welcome To The Jungle
Cinderella—Don't Know What You Got

Aerosmith—What It Takes
Bon Jovi—I'll Be There For You
Extreme—More Than Words
Gary Moore—Still Got The Blues
INXS—Never Tear Us Apart

賈志筠

帶著企製小組玩創意

我與賈志筠在錄音室的合照。

就在一九八七年，因為解嚴之後台北市政府宣布開放舞禁與髮禁，我應邀擔任一場由市政府主辦的舞會的主持人。可是我並不是個專業的舞曲 DJ，這跟電台 DJ 完全是不同的兩碼子事。當時楊嘉的同事林致怡（她後來改名方致怡），因為常跟我們一起聊天，也成為我的好友，便向我推薦一位女性舞曲 DJ——賈志筠。這件事我曾經寫過一篇文章〈心中的話〉刊登在中廣公司每月出版的廣播月刊上。（請參見 P058）

我跟賈志筠可以說是一見如故，我們成功地完成了那場舞會，並且原班人馬去了台中與高雄。賈志筠是個個性直爽的人，跟她一起做事一點都不必擔心，是就是，不是就不是，只要承諾了，她就會做到。

所以青春網開播時初期的週末舞曲節目也是非她不可的。我還記得她也跟所有的主持人一起接受電台 DJ 的訓練，因為對她來說，雖然那時候她已經是全台灣最出名的舞曲 DJ，但是要在現場主持廣播節目，跟控制舞會的現場真的是兩回事！

我們經過多次合作，加上性情相投，後來又一起結伴去上了好幾個成長課程。之後

她成為企製小組的組長，更是我最好的工作夥伴。

我還記得那時我雖然常常努力放低身段，想要跟大家打成一片，不過由於職責在身，雖然大家都稱呼我「陶姐」，然而那個「總監」的位置硬是橫梗在我跟「小朋友」之間。但是「賈姐」就不一樣了，大家可以更放心地跟賈姐說他們的問題，然後我通常會從賈志筠那裡得到訊息，大部分的時候都已經大事化小，小事已經解決了。

所以在青春網的工作，我最幸運的是有楊嘉與賈志筠兩位好友在我的身旁！

雷射舞會到高雄，賈志筠（右）、我跟致怡（左）在高雄活動後合影。

三人行──我左擁楊嘉，右抱賈志筠。

「我的青春一去不回來⋯⋯」 賈志筠 | 文

賈志筠在青春網自控自播。

如果生命是一段旅程，不同階段裡進入自己生命的朋友或工作夥伴們，不就成了旅途中搭夥同行的遊伴嗎？在青春網的工作歷程前後雖然只是短短四年半左右的時光，不論是人的聚合或是景物事件的體驗，都是我生命中最難忘也最珍惜的一段經歷！人說好酒沉甕底，生命中最珍視的記憶也往往因為其密度與重量，塵封在意識的底層，往往不容，或也不願⋯⋯輕易碰觸。

拗不過陶姐三番兩次的敦促，要大家一起為青春網出書寫文章，這些年在情緒上處於退隱狀態的我，只好勉為其難地探向心底記憶深處，搜尋屬於青春網的意象寶盒。我說過，這一搜尋，肯定是得要把陳年往事，一股腦都攤得滿處，好生難收拾！陶姐，這帳可是要算在妳頭上的。

好吧！如果要述說青春網的這段因緣，就得先從我與西洋音樂的結緣說起。

我的西洋音樂啟蒙老師，一個是我父親，另一個就是長我十歲的大哥。小時候家裡有台唱機，老爸因為工作的關係，方便取得美國進口的各種物資，因此家裡有好多七吋的單曲黑膠唱片。我從小幾乎是聽 Patti Page、Doris Day、Frank Sinatra 這些人的老歌長大的。初中開始上英文課，英文流利的老爸就教我唱很多當時流行的電影主題曲，名副其實的「寓教於樂」。大哥是個文藝青年，對音樂藝術與文學特

別有興趣。他從高中起開始熱衷西洋搖滾樂，收集了不少當時流行的搖滾樂的唱片。大哥人緣好，加上我媽廚藝好，一群高中大男孩，就常常聚在我家，一邊湊在窗前望著對街鄰居家裡的美麗少女聽搖滾樂，一邊跳扭扭舞。八成基於望梅止渴的心境吧？一旁看著他們湊熱鬧的我，就常被抓去做他們的舞伴……等大哥高中畢業離家去讀海軍官校之後，由於二哥和三哥對音樂都沒啥興趣，家裡所有的黑膠唱片就悉數轉由我負責管理。等到我上了高中之後，樓下鄰居跟我二哥三哥差不多年齡，都是大學生，常常在家裡開舞會，也不知是怎樣開始的，可能是我自告奮勇地幫忙放唱片吧？久而久之，不僅負責在自家或朋友的舞會上放唱片，還開始幫朋友們錄製舞會用的錄音帶，為我日後成為專業 Disco DJ 的生涯，埋下了伏筆……

從圓山聯誼會開始練功

大一的時候，父親替圓山飯店規劃經營的圓山聯誼會正式落成，需要聘僱工作人員，父親問我想不想打工，我毫不思索地就這麼開始了我的半工半讀生涯，成為聯誼會櫃檯接待工作人員中最年輕的一員。

圓山聯誼會是圓山飯店的分支機構，屬於私人俱樂部的形式，不論是最初被邀請或是後來申請入會的會員，盡是社會上有頭有臉的政商名流。那期間，黃任中、徐小波等人，正是意氣風發的社會菁英，也是聯誼會的會員。七〇年代，美國 Disco 風潮正盛，可是台灣舞禁尚未解除，別說家庭舞會仍有被警察取締的可能，一般夜總會也只限於現場樂隊演奏的階段。那群國外留學回來的富二代菁英，就乾脆跟我父親商量，每週六的晚上規劃 Disco 舞會的活動。寬闊挑高的西餐廳每週六晚餐過後，餐廳正中間留出的一塊空間就成了舞池，四周架起五顏六色的燈光，作風豪闊的黃任中還特別為聯誼會設計了一套超級巨大的音響設備，外加一個音響控制台。在那時候的台灣，舞會上用兩台唱盤放唱片，銜接音樂用 fade in fade out 的方式，可說前所未聞，帥呆了的創舉。可是那些來參加舞會的會員們，沒人想要站在音控台後放唱片。結果，這個差事就理所當然地落到我的頭上。每週六，我的工作就

賈志筠近照。

從櫃檯接待，搖身變為「舞會主持人」（那時 DJ 這個名詞還沒傳進台灣保守的社會呢！），這階段的經歷，可說是從業餘至專業的一個過渡階段。每個星期一次的舞會，還真像是一個超大的家庭舞會，來參加的會員們都是熟面孔，當時正流行什麼水門舞、雞舞之類的，常常有人在舞池裡輪番展示自己新學來的舞步，然後大家就跟著一起現學現賣地跳起排舞來……我這放唱片的主持人，常按捺不住地趁著空就跑進舞池裡一起共舞，樂不可支！

這樣玩了沒多久，台北希爾頓飯店（Hilton Hotel）成立不久的 Tiffany Discotheque 需要 part-time 的專業 Disco DJ。當時在 Tiffany 炙手可熱的 full-time DJ 叫 Susanna，她的老爸毛民初跟我父親不僅是舊識，也是聯誼會的會員，Susanna 常常到聯誼會來玩，我就被她轉介去面試，開始受訓成為那年代在台灣少數幾個專業 Disco DJ 之一。

在 Disco 紅遍全球的七○年代，有一個名叫 Julianna 的英國企業，專門替世界各地的高檔飯店設計 Discotheque（這個字是從法文演化過來的，可以翻譯為迪斯可舞廳）。Discotheque 與一般 Night Club 的不同之處，在於不僅請 DJ 播放唱片，同時也配備了非常絢麗的燈光與極具震撼效果的音響設備，讓舞客們在舞池裡隨著音樂與燈光的特效，進入一種忘情的地步。

當時位於台北火車站對面的希爾頓飯店，是台灣第一個引進專業迪斯可舞廳的國際級大飯店。Julianna 不僅要負責設計所有的室內裝潢與燈光音響設備，還要負責在當地找到適當的人選負責培訓，並且定時地從國外派專員帶進最新的原版舞曲單曲唱片。（那年頭，台灣僅有非常少數的原版唱片，一般的西洋音樂多是翻版或盜版，更別說專門的舞曲混音單曲唱片了！）受訓期間，Julianna 派了一位個頭很小卻能量十足的新加坡籍的 Training manager 來台灣，跟我一起同時有三位備選的 part-time DJ 一起受訓。不知為何，那時期的超級 DJ 都是女性？

總之，從如何為唱片資料歸檔製作 Disc-Bible，怎麼數拍子，如何接歌，怎樣選曲控制氣氛，怎樣配合音樂操控燈光效果，到服裝打扮和帶動氣氛，這位 Training manager 本身就是一位熱力四射的超級 DJ！別看她個頭小，一到了晚上，穿戴打扮好站進 DJ 台裡，那種掌控自如，震撼全場的氣勢，實在讓人心醉神迷。

培訓結束後，我正式地被選任為 Tiffany 的 part-time DJ，除了 Susanna 週休和年假時必須上班外，很多特殊活動或假日也得要去支援，加上我自己不時會去希爾頓聽新送到的唱片練習接歌，常常就順便留下跟 Susanna 一起上班，她放唱片我打燈光，兩人自嗨到不行……這一做就做了四年多，直至希爾頓的經理部門改朝換代，

我們因為不喜歡新的經理人，才一起請辭。這期間，不僅練了一身本事，也打響了名號。後來 Susanna 結婚移居新加坡，台灣地下舞廳如雨後春筍般的流行起來，DJ 這名詞也逐漸成為年輕人們嚮往的一種工作。但那時像我們一樣受過專業訓練的 Disco DJ，除了幾位國外引進的老外，本地的，就只剩下我一個。

在 Tiffany 做 part-time DJ 的同時，我依然在圓山聯誼會上班，但是因為具備了專業 DJ 的能力，聯誼會不再只用西餐廳的場地開舞會而擴建了一個 Party Room，專門讓會員們租用做私人舞會之用。我除了做櫃檯接待，也接手會員的會務、訂宴、各種活動主持，當然……還有舞會的 DJ！身兼多職，成為我父親工作上不可或缺的左右手。跟著父親在聯誼會工作九年多之後，我被調到圓山飯店餐飲部任職，並且負責圓山飯店金錢酒吧裡音樂的管理與播放。同時，聯誼會的大型活動、會員的私人舞會，到圓山飯店每年的員工晚會的主持，通通是我的職責範圍。這段期間裡，我也忘了是在怎樣的情況下收了三個女學生 Monica、Voronica 和 Jessica，說是要跟我學接歌的技巧，其中一位就是在唱片公司任職的致怡（Jessica），雖然她們三人後來沒一個走上這一行，也沒一個好好認真地學會接歌的特技，但是透過致怡，我認識了陶曉清。

因公辦大型舞會而結緣

隨著社會風氣逐漸開放，許水德做台北市長的任內，決定要開放舞禁，並且在當時的市立體育場舉辦一場公辦的大型舞會，於是市政府便找了陶曉清來負責規劃此一劃時代的創舉。辦演唱會經驗十足的陶曉清，對於辦舞會其實沒有什麼經驗。於是就找唱片公司的朋友們商量，並且希望可以找國內的 DJ 負責音樂。你看，世間的因緣，還真好像冥冥中自有定數似的。本地說中文的 DJ，還真是捨我其誰啊！雖然，第一次用中文在舞會上帶動氣氛，還真的讓我傷透了腦筋。

透過致怡，我和陶曉清的第一次會面，就約在圓山聯誼會的咖啡廳。兩人一見如故，至此，除了一起接辦了一連串的公辦大型舞會之外（我已不記得去了哪些不同的城市，辦了幾場大型舞會），也開始了兩人間幾十年的深厚友誼。因為這樣的機緣，陶曉清在規劃青春網的階段，就找我去負責每週六晚上，為時四小時的連續舞曲的節目──《週末狂熱》。

雖然都涉及播放音樂，Disco DJ 和 Radio DJ 之間其實有著很大的差異。如何操控機器，如何銜接歌曲，如何壓在適當的旋律上說話或許難不倒我，說什麼才是讓我頭疼的事。完成青春網的集訓之後，我看其他的主持人多少對廣播有相當的經驗，麥克風一開就侃侃而談，完全不會打結也無冷場，好像只有我不知道要在節目裡穿

開放舞禁，台北市政府在體專體育館辦舞會，特別來賓王正良邀請同學們上台共舞。

插怎樣的內容。除了報歌曲名稱之外，我要說啥啊？尤其，我是在放連續舞曲欸！專心接歌時很難分心說話，況且做 Disco DJ 的時候，我也從沒學過怎樣用中文帶動氣氛啊。

青春網剛開台時，由於是一個全新的廣播主持型態，大家都緊張得很！不只是陶曉清和企製小組會隨時監聽，負責培訓的 Richard Calder 也會針對每個人的節目帶提出指正。依稀記得，他多半會提醒 DJ 們不要在播歌的時候廢話太多，並且應該注意不要壓在音樂有 vocal 時說話，如果一定要壓在音樂上說話時，只能簡短有力地在間奏期間說。唯獨我，他的評論是——話說得太少！為了改進這個缺失，我在家裡設置了一個混音工作室，不僅事先把節目錄製成八段三十分鐘左右的連續舞曲，然後根據每段間奏的時間，事前撰寫腳本，反覆練習，確保在節目現場播出的時候，我不僅有話可說，還得確保說話的節奏趕在間奏結束時，也剛好說完，而且還得講得口語自然，聽不出是唸稿演出。

那四小時的舞曲混音工作對我而言，或許不難，雖因不容接歌的過程有任何拖拍的瑕疵，不時會要重新來過，但真正的心血和時間多花在用碼表計時，算出每一個接

歌間奏的時間，然後寫稿、唸稿、計時、修稿、唸稿、計時……不論那時節目做得怎樣，自己滿意與否，苦工還真是下得很深。回頭看的時候，倒也頗有收穫。以往說話，從來不會在腦子裡打草稿，也從未想到如何組織自己的語彙，力求精確簡潔無贅言。那些寫稿修稿到唸稿的過程，雖然當初只是為了奮力追上其他主持人的水準，哪想到竟然培養出一種語言組織的能力，對於日後待人處事與溝通協商時，都有很大的助益。

針對高中生辦的舞會上，王正良盡情帶動氣氛，陶曉清在一旁替他加油。

中廣公司和圓山飯店在那年代，有些共同之處——都是跟黨政有所關聯的大企業，制度嚴謹傳統，官僚氣息濃厚，機構裡都有很多非常資深的元老級工作人員。照說，這跟我叛逆與不喜被規範的性格有衝突才對，可是或許是幸運，老是有貴人關照，也或許是因為我年紀輕輕的就悠遊於這種體制裡，很知道要用怎樣的方式運作，倒也挺快就進入狀況。記得青春網的這群 DJ 和工作人員，不是機伶古怪，就是特立獨行，中廣大廳裡忽然一群奇裝異服的人士進進出出，還真是讓那些掌管門禁的警衛們，眼睛翻到後腦杓轉都轉不回來！陶姐首當其衝，總是得要聽不少的抗議與抱怨。我記得自己還當仁不讓地去跟那些警衛伯伯建立友誼，見面一定笑瞇瞇的哈啦一番，一陣子之後，他們也就見怪不怪，大家都成自己人了。

企製組長時期，領著一群年輕人激盪創意

廣播工作的酬勞實在不高，加上青春網是在 AM 播出，先天上就不具優勢，可是，或許是年輕族群長久存在的渴望，DJ 們或是工作人員不是對音樂有著狂熱，就是對廣播有著莫名的嚮往。尤其是企製小組的成員和節目助理們，雖然年輕，但是個個都身懷某種絕技與潛能。青春網裡充滿了性格獨特、不循常規的年輕人，每個人都滿懷各自的熱情與理想，在這樣的組合之下，那種無法形容的氛圍，造就了一段讓我難以割捨也難以忘懷的情誼。

我早忘了自己是怎樣逐漸從週末的節目輾轉開始主持週一至週五的帶狀節目,也忘了是從何時起,開始接任企製小組的組長一職。只記得,在青春網的工作,每天都像是在玩耍,開會往往變成聚餐或同樂會……真是標準的工作不忘娛樂。這群人個個天馬行空,機變反應快得不得了,開會時的腦力激盪常是我最享受的過程,外人看來或許只覺得這群人盡在胡說八道,可是許多的創意也就在這些漫無章法的即興聯想中逐漸成形。後來,我雖然也短暫地在飛碟電台工作了一陣子,但是在青春網期間,人與人之間的互動連結,流暢無礙的創意能量,卻再也無法在任何其他的工作環境中複製重現!

在做企製組長的那段期間,我要負責管理一群企製小組的小朋友。這些人負責統整青春網的各種活動,不論是網內節目中的活動策劃宣傳、播出曲目的編整、支援照顧每個節目與 DJ 們、跟唱片公司與其他媒體的聯繫互動,到出去辦大型活動,這幾個企製小組的小兵們,個個都身懷絕技,精力旺盛得一個人要頂好幾個人用。也不知為何,那時大家都愛上工作與工作夥伴,即使不上班的時間,也總愛擠在八控(第八控制室)旁,貼了各式海報,沒有辦公桌又亂七八糟的九控(第九控制室)胡說八道、嬉笑打屁,完全沒有一般工作場合的規矩紀律。當然,我這企製組長是要為這等風氣負責的。記得那時,我最愛做的事,不是拎著大包小包的食物去九控,就是帶著大夥出去吃吃喝喝。回想起大家看到食物的那種兩眼發亮,大聲驚嘆的景象,即使這會兒走筆至此,依舊會為我的心頭帶來一種異常溫暖又柔軟的感覺。在家排行老么的我,不知為何,竟然在那段母鴨帶小鴨般的大姐頭過程中,體驗到一種難以言喻的愉悅與滿足。

那段期間,我也跟陶姐因為工作上的密切互動而發展出非常親密的友誼。我們兩人性格迥異,但卻彼此互補,成為絕佳的搭檔。陶姐行事嚴謹,我則大而化之;她認真,我隨性,她委婉不好衝突,我則天不怕地不怕!要打仗?我絕對一馬當先!可是,企製小組的小朋友,沒一個怕我。陶姐只需把臉一板,大家就通通不敢作聲,我這裡大聲嚷嚷,也沒一個把我當真,照樣嬉笑不正經。可是,我也是他們跟陶姐間的橋梁,他們不敢說不敢問的,都得從我這裡轉達,我想,因為這樣,外加那些美食,大家還是很愛我的!哈哈!

青春網的趣事其實是說不完的。正因為那種合作無間的融洽,青春與熱情交織下的興奮與無窮的活力與想像力,讓工作與遊戲間的界線變得非常模糊,同事就是夥伴與好友!後來,我因為懷孕,決定於一九九二年做完除夕特別節目之後就離職回家待產。那年的十二月二十八日,因為有好多位 DJ 都陸續要離職,大夥決定到圓山聯誼會的 Party Room 去辦一個 farewell party。酒酣耳熱之後,大家輪流一一拿起麥克風抒發自己的感言,哪知輪到我的時候,卻一陣情緒洶湧,無法自禁地大哭起來!

後來，有多少人也跟著一起哭，我就記不得啦。

那天散會後，眾人意猶未盡難分難捨！結果，總共有七位女性 DJ（後來被戲稱為七仙女）相約到我家裡輪番上陣打麻將玩，直到午夜過後才各自散去。誰知道，清晨兩點多，肚子裡的兒子就忍不住熱鬧的提前報到，我與青春網的深深情緣，也就在那天畫上了句點。

賈志筠在青春網錄音室唱盤前拿著唱片跟封套。

心中的話

陶曉清 | 文

國內部李副主任志成曾在十月的時候告訴我，籌劃一個給青少年跳舞的節目的可能性，當時就很興奮，跟青少年接觸了二十多年，從自己仍是個青少年，到如今有了正值青少年期的兒子，一直在努力做個橋梁的角色。怎麼樣給青少年開舞會，便常常盤旋在腦際，更成為友朋聚會時的話題。

當市政府教育局四科打電話來問我願不願意參加策劃一個「雷射晚會」時，並沒有把這兩件事連在一起，直到面談的那天，才知道原來是要辦舞會，這時我才恍然大悟。

在初步了解了大致情況後，隨即展開一連串忙碌的接洽工作。其實，對跳舞一直是喜歡的，想當年也曾是「舞林高手」，但婚後幾乎只參加過少數幾次舞會。為人妻、母之後更是很少在晚上出去玩，但是要給青少年辦這個活動，一定要去實地了解，看看他們喜歡的會是什麼。

等到做過一些資料的收集與整理之後，我向教育局做出以下幾項建議：舞會的音樂部分，邀請國內四家原版唱片代理公司，包括：滾石、飛碟、齊飛以及喜瑪拉雅，提供專門跳舞的十二吋大單曲唱片，因為這些產品多是進口，各公司都不出版，只留存做資料用，如今正好有使用的機會了！

我們也安排了一些適合跳舞的國語歌曲進去，並且請那些歌曲的演唱者在當天到場同樂。

至於 DJ，我們請到了在圓山飯店擔任 DJ 的賈志筠小姐擔任。她風趣而穩重，是最適合的人選。

表演節目部分，教育部找到四組：包括地主學校的體專同學演出的韻律舞，大安高工育達商職的啦啦隊表演，以及舞藝舞蹈團的爵士舞表演。然後有童安格、娃娃以及藍心湄演唱歌曲。

表演節目中還有一項沒有印在節目單上的，就是在舞會進行到一個階段時，有「台北舞王」稱譽的王正良，將出現表演。他將從台上跳到台下人群中，跟現場的觀眾一起同樂。多年來，他曾跳過國內外大大小小數不盡的迪斯可舞廳，沒有人跳得過他。也由於熱愛舞蹈，王正良雖然年過四十，看起來一點也不像中年人，精神抖擻，十分鼓舞人。

發票的方式是很煩人的問題，最早預定辦兩場，每場三千人時，還容易些，只辦一場，人數又只有兩千五百人，一定不少人得不到票而對主辦單位埋怨的。

這次「雷射晚會」主要針對高中高職的學生，也一定會有國中生、三專生、大學生及社會青年問：「什麼時候輪到我們呢？」

發票的方法真是門學問。這次透過公私立高中商職，按人數比例來發，極可能會對校方造成困擾，到底該給誰好呢？

其實，我認為不妨考慮賣票，提早預售，票價可以訂一個學生都買得起的數目，愛來的人就買票，賣完了就只能怪自己去晚了。收入扣除必要的開銷之後，全部用來做慈善的用途，不是一舉兩得？這樣，也不必每年編列預算，錢就由愛跳舞的人共同來支出，也才能夠定期舉辦，而不會流於形式。

本文刊出時，這個眾人注意的「雷射晚會」已經舉行過了。我衷心地希望，主辦單位的美意，能夠贏得大眾的接受。

社會變得太快，今天的年輕人，跟從前不一樣了；他們在升學主義的壓迫之下，的確沒有什麼可以發洩多餘精力的正當場所，可以在家長也放心的情形下去跳舞、去交朋友。不少人進了大學才開始學習與異性同學交往，連最基本的知識都不具備，許多過來人說出自己鬧出的笑話。我實在很願意見到有人能夠，並且願意經常做這樣的事。讓父母師長放心地讓孩子去跳舞，有時甚至還可以跟孩子一起去跳舞，那才是消除代溝最好的方法呢！

原載於一九八七年《中廣廣播月刊》

*Part 2*___青春網的DJ們

Disc Jockey 英文原來是指在賽馬場上的騎師，

後來也指稱到電台放音樂的人。

青春網有著全台灣最頂尖的一群 DJ 們，

每天的節目因爲有了他們，就是那麼精彩，那麼動人！

我眞的要感謝親自爲文的這些 DJ 們。

當年大家一起打拚，並肩合作撐起了青春網這個頻道，

如今又願意把文章送給我，幫我完成出書的願望。

在閱讀每個人的文章時，

大家的面容都出現在我眼前，

那些有笑有淚的往事也一一浮現……

那些隱藏在播音室中的
閃亮明星DJ

List

龔懷主 （Robin）	蔣國男	黃舒駿
	于婷	趙婷
朱衛茵		
	周易	虞戡平
李方		
	陳美瑜	胡茵夢
林致怡 （方致怡）	程港輝	Tim
鄭華娟	蘇來	藍傑
鄭開來	周華健	薛岳
袁永興	黃韻玲	
王海玲	賴聲川	
賴佩霞	庾澄慶	

這些風格各異的DJ
令青春網不同

在青春網的年代，西洋音樂的資訊較爲匱乏，一般民衆想要購買原版唱片或 CD 的管道較少，接收新的音樂資訊多來自電台、電視媒體。

當時的青春網 DJ 就搭起了音樂和聽衆間的橋梁，經由他們在空中爲聽衆引介音樂，這些喜歡不同類型音樂的 DJ 在做節目時，也帶給了聽衆不同的音樂體驗。像節奏藍調、靈魂樂、重金屬音樂、非主流搖滾、爵士樂、鄉村樂及 New Age 等各類音樂，透過一群說中文的 DJ，打破語言的隔閡，介紹給聽衆，豐富了音樂選擇、填補了音樂資訊的空白，延伸了聆聽的廣度。

這群 DJ 有：後來被稱爲「台灣重金屬國父」的 Robin，深夜放送重金屬音樂、在當年爵士樂資訊很缺乏的時代，拿出自己收藏播歌的賴聲川、人稱搖滾皇后的于婷、同在青春網主持節目的姐妹藍傑和楊嘉、精通鄉村樂的蔣國男，來自香港的朱衛茵、程港輝，給了大家不同的音樂選項，其他如李方、鄭華娟、鄭開來、袁永興、王海玲、賴佩霞、蘇來、黃韻玲、庾澄慶、周華健、趙婷、黃舒駿、胡茵夢、薛岳、周易、陳美瑜、方致怡等人，也都各自以不同的品味傳送音樂給聽衆。

也因爲是台灣第一個的西洋音樂平台，在當時也涵養了許多人的音樂素養，更有許多音樂人是聽著青春網，受到其啓發的。

二○一六年一月三十日Party上所有出席的DJ們合影，前排右起鄭開來、陳美瑜、趙婷、賴佩霞、趙偉娟；中排右起庾澄慶、蔣國男、黃韻玲、于婷、Robin、陶曉清、方致怡、楊嘉、吳建恆；後排右起馬世芳、凌威、黃舒駿、盧戡平、袁永興、周易。

龔懷主（Robin）

《夜貓子》讓台灣深夜很重金屬

親愛的Robin：

你可能不知道，我之所以決定離開中廣，最初的原因是因為你。身為朋友，但又身兼主管，我必須在面對你的時候說出：「抱歉，因為電台政策的改變，你必須要離開青春網了！」時，我的心有多痛！我赫然發現，當在那個位子上，我還會繼續面對類似的挑戰。因為那時公司的政策就是要讓我這樣的中生代進入官僚體系，開始管行政。一向自由慣了的我，只願意跟朋友一起工作的我，想到今後若是還要面臨可能對朋友說出這樣的話，就焦慮不已。

所以，我其實是要感激你的。

離開不一定是結束，我並沒有後悔。只因為我們曾經一起有過如此美妙的共同回憶。

曉清

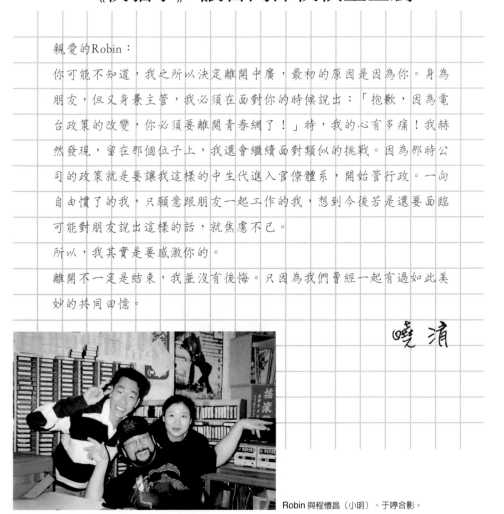

Robin 與程懷昌（小明）、于婷合影。

希望沒人管我 龔懷主（Robin）｜文

就在上世紀八〇年代末，大概是一九八八年左右吧？有一天陶姐打電話給我，說她們中廣的大老們有鑑於台灣社會轉型的速度非常快，領導們也想要突破過去黨營媒體的窠臼，將特別鎖定年輕族群，針對他們所喜愛的西洋熱門音樂為主力，以 LIVE 的型態播出，並且可以開放聽眾點播，節目完全和國外的自控播出方式一樣，DJ 一面說話、一面播歌，各種操作皆由 DJ 自己搞定。

我曾在武昌街一家叫做「機械坊」的西餐廳當 DJ，起初是介紹我在唱片公司時發行過的歌曲，久而久之，就變成一個 LIVE 的廣播節目，可算是有主持 LIVE 廣播的相關經驗。陶曉清和賈志筠邀我一起來開闢中廣青春網一個真正由 DJ 自控現場播出的全音樂電台，我認為是很棒的構想，大家約莫花了一兩個月的時間，把該買的器材弄齊，也找了一些人來，例如從 ICRT 找了 Richard Calder、鄭華娟、Tim、專門播舞曲的 DJ Peter、楊嘉、藍傑、蘇來、蔣國男、林致怡，後來又有鄭開來、于婷、薛岳、周華健、庾澄慶、王海玲、李文媛、賴聲川等等（族繁不及備載，如有遺漏敬請老友們見諒）。排節目時，起初陶曉清問我：「羅賓，你想主持哪個時段？」我見從晚上六點開播後一路排到十至十二點的《飛行天線》，之後的時段就沒人負責了，旋即自告奮勇說：「那讓我來吧！」之後便由我擔綱凌晨十二點到兩點的冷門時段，我打的主意是那時就沒人管我了。

我在深夜獨自一人主持的節目取名為《夜貓子》，我的名號「老貓」就是由此而來。記得開播第一天，麥克風一開，我對聽眾們朗聲道：「喵！貓咪們，起床！」接著開始放一連串的重金屬音樂。上層的領導們根本沒注意到我的節目音樂型態，反正對他們來說，不是國語歌就是西洋音樂嘛！當時他們光擔心青春網能否成

Robin 在二〇一六年一月三十日的 Party 致詞。

功都來不及，但《夜貓子》開播首週已經成為熱門節目，點播電話接都接不完。

在青春網除了《夜貓子》，週末還主持凌晨兩點到早上七點的《直到天明》，我喜歡深夜獨自在播音室主持，彷彿和許多同好在星空中相聚，一同分享對音樂的熱愛。

我這一生交到的朋友中，至今仍有往來的，除了我在台北美國學校的同學外，就是在青春網時期結識的朋友了。

青春網時期的累積和影響

在青春網期間，或許因為整天浸淫在音樂裡，我又興起了玩團的念頭，曾經搞過 Roller Coaster 第二代，不過畢竟大家都很忙，只辦過一場演唱會就解散了。後來又陸續搞了幾個樂團，其中維持最久的是一支叫「Nothin」的樂團，骨幹都是青春網的人，包括吉他手魔頭、傅世倫、「毛毛」黃子敬、鼓手張志疆（十多年前到南部演唱時，和同團的人在路上發生車禍喪生），還有 Keyboard 侯志堅。我們組成 Nothin 的目的是想出一張真正我們樂團創作的專輯，以我和滾石的關係，出唱片並非難事，問題在於我想做的東西比較偏向非主流，和唱片公司的路線並不一致，所以最後仍是不了了之。

滾石長期贊助《夜貓子》，後來也幫我在電視台開了個週六下午的節目——《搖滾貓》，用一些無厘頭或有趣的哏介紹搖滾樂。《搖滾貓》時期我做得比較開心，因為是外製節目，製作人金卓也是我們同一掛的，比較能讓我隨心所欲地玩。像陳淑樺發片時，滾石向我提到：「羅賓，我們要安排淑樺上你的節目。」我還得煩惱到底怎樣切入和安排來讓她打歌。記得當年可登唱片發行劉德華在台灣歌壇出道的第一張專輯，他在青春網上完蘇來的《飛行天線》後，唱片公司宣傳很皮地沒把他帶走，因為節目都是直播，他便「連莊」又直接上了我的節目。

劉德華本人相當客氣，重要的是並非是那種表面虛偽的客氣；我想一個人能成功是有他的原因，華仔一路走來始終如一，至少那時我認識的他是如此，沒有把自己當成巨星來端架子。對他來說，出唱片就像個新人，一切從頭學起。

Beyond 來上節目時，我們還在錄音室裡做不插電的現場演唱，玩得很開心，後來黃家駒意外身亡，我感到非常難過，因為他們和我一樣都是音樂人。打從我十多歲上華視的《熱門熱門》，便總是以樂手的身分上節目，偶爾還會幫余光代班《閃亮的節奏》。

所以，我始終以「音樂人」定位自己，從來也不覺得自己是個「電視人」。當年能夠在台灣的夜空聽到 Yngwei J Malmsteen 的古典金屬吉他嘶吼，或是 Helloween 的〈I Want Out〉，還有 Metallica 早期的作品，幾乎都是我「先斬後奏」的傑作，所以當時一些聽金屬的孩子們把我稱為「台灣重金屬國父」，雖然有些誇張，不過在當時的廣播節目中，的確是踩著隨時被 Fire 的灰色地帶，反正先爽了再說唄。不過其實當年陶曉清陶姐，的確是替我承受很多的壓力，都是因為我播的音樂型態，而我不肯妥協的個性最後導致我得做出「此處不留爺，自有留爺處」的決定。

二十多年後的今天，常常會碰到一些現在也算是大咖的音樂人，跟我說當年就是聽到了我的節目，受到了啟發，讓他們能夠更確定自己所走的路。我想這對我來說，就是很讚的回饋！人生就是要求能夠「Make a difference」，能夠一人立起，做自己想做的，如果能帶來善知識，帶來正面的影響改變這世界一點點，對我而言這比賺多少錢更有價值，不是嗎？ You Only Live Once！來過，嘗試過，再繼續挑戰。

青春網的夥伴：蔣國男、周華健、蘇來、賈志筠、Sally Yeh、楊嘉、Robin、李文瑗。

朱衛茵

從香港到台灣的廣播路

Dear Rosita：

我還清楚地記得，妳剛剛結婚，初次在台北長住，李宗盛帶妳來我家。我看著你們甜蜜地說笑，然後我突然有了這個想法——可以邀妳來青春網主持節目啊。

我真高興妳願意加入，我那時真的不認為說字正腔圓的國語是必要條件，我好喜歡聽妳在做節目時的溫文婉約，妳能再次在台灣的廣播天空中發光發亮，最要感謝的還是妳自己啊。

曉清

朱衛茵（左）、程懷昌（小明）、馬世芳與于婷。

青春網的記憶　朱衛茵｜文

青春網，顧名思義就是一個非常青春的地方。

還記得我剛剛從香港來台灣，全世界都知道我很冒險，只有我自己傻傻的為愛走天涯！當然對台灣文化、飲食、人文、生活習慣或最簡單的溝通，都不通。我聽不懂也不會說國語，回想起來為什麼我可以那麼有勇氣，可想而知，愛情有多偉大。

當時到來，除了對台灣的流行音樂只有一些了解之外，對台灣真的一無所知，沒想到的是，有一位我後來才知道的民歌之母給我打電話。

陶姐聲音很舒服、很知性，更是給了我很多安全感。我素來很沒安全感，陶姐告訴我她組了一個青春網，都是一群熱愛音樂的DJ、歌手，陶姐鼓勵我說：「Rosita，妳要加入我們的行列，主持一個叫《午安陽光》的節目。播播妳喜歡的歌。」其實我當時以為我的電台主持人生涯，隨著我飄洋過海，已是一個句號了，我已經要離開廣播生涯，進入家庭生活。

但竟然在我踏上台灣，一個陌生城市的同時，有了一個最溫暖的呼喚，一個讓我感到再被肯定的快樂。事實上，我有一百個理由說我連話都不會說，怎麼做節目呢？但陶姐竟然說，話可以很少，用英文搭配，但妳選英文歌曲卻是重點！我一直都很想感謝陶姐，她信任我，更開啓我的重返DJ台第一步。一個女性就算結婚，也應該有工作帶給她的自信。青春網我所有的同事夥伴們，我愛你們！

不知不覺，我在台灣已經二十七年了！

朱衛茵近照。

李方

《飛行天線》的歡樂記憶

親愛的李方：

我好喜歡每次跟你的聚會，看到你一家和樂的模樣，還記得我擔任過你婚禮的證婚人，好開心啊。

我更高興看到這些年來，你在溫哥華廣播界的成就，因為常有機會去到這個城市，也就經常能聽到關於你的種種。我清楚地看到你對廣播的熱情與使命感。

《飛行天線》節目的轟動，是那時青春網最歡樂的記憶。

你的頭髮確實比以前少了，正如我的白髮愈來愈多，但是我們的孩子日益成長，步入中年的你與面對老年的我，就一起享受我們生命中的種種吧。

曉清

李方正在播音台前作怪。

我的青春小鳥一去不回來　李方｜文

很榮幸能成為中廣青春網的一分子；直到現在回憶起，都還會甜甜地笑。這是一段美妙的日子，除了學到異於當時傳統的廣播主持方式，更可以共事一群出色夥伴，而我們曾這麼快樂自在地工作著。

我本學廣播電視出身，一九八二年出道，一直主持西洋音樂類節目，一九八八年某日，陶姐的一通電話，改變了我的一生。人生就這麼奇妙，該轉彎時註定不直行，我加入了這個大家庭。其實我在這裡不過工作了四年多，但日子充實難忘。

難忘一：
受訓時才恍然大悟，原來自控自播的LIVE廣播節目，是該精神分裂，甚至靈魂出竅的。是的，手腦並用，除了得八爪魚般控制眼前身後的所有機器，還得分心思考去說一段有營養的內容，配合音樂節奏韻律，一氣呵成的「演出」。如何安排歌曲走勢、利用音樂襯底；怎麼讓歌與歌巧妙結合，甚至配合廣告、台呼、節目jingle（大、小片頭）的銜接，都要求合乎廣播節目的兩個F：feel & flow，學問處處，變化無窮。直到今天，我在加拿大做電台，都依此守則要求新進DJ。

難忘二：
因為是現場直播節目，當然不想有任何「意外」；有狀況，自己想辦法解決唄。比方人有三急，若肚子突然劇疼，非去不可……則必放Lynyrd Skynyrd演唱會版本的〈Free Bird〉，長十三分五十八秒，再麻煩助理接幾個廣告，應該夠用了吧。這招，還好我只用過幾次。

也曾經跟我的拍檔「致怡」接過一場校園演唱會，千算萬算，應該是一定可以在節目開始前返抵電台；人算果然不如天算，國道塞車，只能情商助理墊歌，造孽啊。

更曾正在接聽眾點播時，電話分機傳來：「你是蝦米郎？找我女兒做什麼？」敢情我成了騙子啦。萬分緊張、千鈞一髮、三條線劃臉、黑烏鴉飛過；我只依稀記得我回：「伯父您好，現在全台灣都在收聽您雷霆萬鈞但動聽迷人的嗓音咧……」
「蛤！？噢，女兒呀，那妳來跟他講！」我已汗流浹背，細胞當場陣亡三千。

難忘三：

青春網節目因為全台播出，也是陪伴許多學子夜晚苦讀的良伴。《飛行天線》——晚上十至十二點升空，有諸多初、高中和大學生聽眾，都自稱「飛行員」。當年沒有社交媒體，想連接我們只能phone in，但這比登天還難，能call in和我聊天點播的聽眾，傳聞第二天都會收到同學羨慕的眼神（我好虛榮）；電話打不進來，退而求其次，寫信吧。那時一天平均可收到三、四百封信（再次驕傲），而每封我都會細讀，也會選一些精彩的當成節目素材，被挑中的，聽說在學校亦可成一日風雲人物，會備受矚目。

當時被聽眾的那份熱情擁抱，被無條件地支持，是很溫暖的感受，只能說我特別幸運，很感恩。這些收音機前的孩子，都算是未曾謀面的……好朋友吧！現在我溫哥華的辦公室都還放著兩張當年聽眾所送，手繪我的漫畫像呢。而這種緊密的互動，讓我在一九九二年十一月告別我的最後一集節目時，淚灑現場，嚎啕不止，不捨呀！

難忘四：

那時《飛行天線》有很多創意單元，例如：歌星受邀來節目，不一定只受訪打歌，有時還得接受考試，其中「隨堂測驗」是類似「百萬小學堂」的一個環節，嘉賓來上節目心裡雖然忐忑，但也不怕表現不好，有損形象，反正過程很緊張逗趣。劉德華、張學友、Beyond、陳昇、伍思凱都來過；金城武、林志穎來參加時更才十七歲，剛出道，十足小鮮肉，青澀的咧。也有一個「什麼東東」單元，朱衛茵會來介紹兩首廣東歌，有一年咱們播音室裡有蘇芮，再連線香港，找到草蜢三子，兩地串聯八卦，笑聲不止，但當年長途電話很貴，這投資大了。

李方（前排右），二〇一六年三月從溫哥華回來，大家聚餐，坐在李方旁邊的是蔣國男、我、楊嘉，站著的右起是致怡、陳美瑜、于婷。

難忘五：

我們的成員，除了有些原本就是廣播主持人，青春網當時也聚集了唱片、音樂界的一群菁英。大家有共同基因與默契，一開會或做活動，往往事半功倍。除了集思廣益共同腦力激盪，過程往往也全員笑翻了，只因大家都是頑皮、愛鬧的音樂淘寶者。記得首創風氣之先，青春網開播一週年，我們做了一場演唱會，現場萬頭攢動。所有樂手、歌手則由DJ自己擔綱演出，但完全沒有難度，why？我當時也上台獻醜了一首〈一無所有〉，而我身後的樂團成員一字排開：吉他手──庾澄慶，鼓手──薛岳，Keyboard──黃韻玲，Bass──劉偉仁……哈哈，超虛榮的，你看看這陣仗，現在想起，都興奮到缺氧咧。

短短幾年，回憶滿滿！難忘處處，僅數二三。

進青春網時，我才二十郎當歲，我的青春歲月，至少在那四年，扎實精彩、開心快樂、無憂無慮。轉眼幾十年寒暑已過，雖說我的青春小鳥的確一去不回來，但我仍衷心感謝當時圍繞身邊的貴人們；更希望當年收聽我們節目的聽眾朋友，現在回望當年，也會和我一樣有甜甜的笑。

祝福你們。

移民加拿大後，于婷曾經應李方之邀，在中文電台主持過好幾年節目。于婷和李方家人合影。

林致怡（方致怡）

《飛行天線》喚起我真正的青春

親愛的致怡：

我們的緣分還真的不只一點點，除了最初妳在唱片公司工作時的接觸，到後來妳介紹我認識了賈志筠，妳成為青春網的Weekly DJ，主持《露天咖啡座》，擔任企製組長，再成為Daily節目《飛行天線》李方的拍檔；這還只是當年的機緣，後來包含妳在華人衛視台、在MUST時期，以及後來在中華音樂人交流協會，我們都有一些共事的機會，對了，我們還曾經一起參加過一個階段的讀書會。我們從來沒有分開過啊。

曉清

致怡那時一頭長髮，好多人羨慕。

我在青春網的三種身分　　林致怡　（方致怡）｜文

那段日子是我此生中最為燦爛鮮明又無比開心的美麗回憶。

我認為我比其他人幸運得多，因為我在青春網裡經歷過三種不同的身分。

剛開始是我自己主持一個每週一次的《露天咖啡座》，專播一些歐洲流行歌曲。週日的播音室裡除了助理，只有我和自己喜歡的音樂，那種自由自在又滿足的感覺，至今回想起來依然可以感受到那種溫暖。

兼企製組長的那段時間裡，與一批活力四射的組員們除了要想點子、做單元、提供DJ們網內外資訊整合、安排訪問通告、處理青春網裡裡外外雜七雜八的各種大小事，其中有一項就是必須要聽各節目的air check（去除節目中音樂的DJ乾話）做節目檢討。那些簡直就是各個節目的語錄精華，每次都讓大家邊聽邊捧腹大笑，或鼓掌叫好，或感動莫名，就像在看太陽劇團般的炫目迷人。這不是個工作，是個享受，沒有什麼比這更棒的福利了。

《飛行天線》喚起了我心底真正的青春。

我和阿方子的默契算是渾然天成吧。雖是臨時被找去接這個daily的節目，但似乎根本不需調適就開始週一到週五晚上十點到十二點，如同現場演連續劇般的緊湊上檔了，無縫接軌。在《飛行天線》的每一天都是滿滿的歡樂與充實，熱情又有些瘋狂的聽眾、五花八門的點播理由、本來很拘束、彆扭後來玩到開心到不肯離開的受訪來賓……即便是在颱風天大風大雨、掉落的招牌飛來飛去、路樹倒滿地，我還是滿心歡喜地奔去電台，一次都不想錯過。甚至有幾次，我家人的年夜飯是配著我們節目在吃的。這是我在青春網最最懷念的一段時光！

不能不提的是，有一年的網慶辦了一場演唱會，除了邀請當時知名歌手表演之外，由DJ們自組了一個樂團叫RUN-BCC，團員是：鼓手——薛岳、鍵盤手——黃韻玲、吉他手——庾澄慶與DJ Tim、貝斯手——林瓊瓏與韓賢光，這等陣容史上絕無僅有，是dream team來著！更了不得的是這些「大牌藝人」只是負責伴奏而已，演唱者是daily主持人輪番上陣，演唱網內選出的Top 10點播歌曲。記得當時黃韻玲還要負責將這些

曲目寫成伴奏譜,學古典鋼琴的她,第一次把譜分給大家時,所有人一陣傻眼,因為看豆芽菜對大家來說,實在太痛苦了,所以只好請她回去改為簡譜,因此第一次練唱也就草草結束。可是之後大家仍努力地在百忙中喬出時間,固定的去錄音室練歌,這等炙熱的凝聚力真的不是一般的強大。果然那一段表演在網慶當天,台上台下都嗨翻了!

青春網實在太與眾不同了,是獨一無二沒法被複製的。DJ們個個是隱藏在播音室中的閃亮明星;企製組成員人人都有三頭六臂與十八般武藝;節目助理們更是看似牛鬼蛇神般的各路好漢。非常幸運地能與這些精彩的人們因緣際會,一起創造了一段無與倫比的歷程,那些點點滴滴永遠都會在我的心中閃閃發亮著,因為真正的青春就在那裡。

最近一次在我家聚會,右起致怡、賈志筠、我。

這些唱片就是我一直在使用的原版唱片，七吋 45 轉的小唱片。中廣公司向美國訂購的。每週寄來一次，一次十張。青春網時期我們也把小唱片錄成匣式帶來使用。

鄭華娟

激勵了眾多小盒子

親愛的華娟：

我永遠記得我們一群人到德國去看妳，聽妳娓娓道來有關妳夫家的種種故事。後來沒想到妳寫出了一本又一本的書，跟大家分享那麼多精彩的生命故事。

有一次，我跟世芳、家棟跟你們夫婦約在法國見面，我們去蒙地卡羅看F1賽車——沒買到票也興沖沖地在咖啡館坐著看電視轉播。妳跟世芳一路說笑，笑到大家都肚子痛了。

我會永遠記得妳那愛說笑的青春年代。跟妳在一起總是聽到妳發人深省的故事，以及爽朗的笑聲。妳的創意當年在青春網時就激勵了許多的「小盒子」了。

曉清

青春網時期，右起王新蓮、我、鄭華娟、陳美瑜。

從門外到門內 鄭華娟 | 文

現在回頭看看、聽聽、想想當時的青春網。只有一個簡單的感想：
陶姐真偉大！

當時，我根本是廣播門外漢，一直到今天講話都依然容易吃螺絲，甚至不知所云……而陶姐就有那個膽量，說來吧，華娟來當DJ吧！

陶姐找來一位據說會訓練電台DJ的美國人，給大家上上專業課程。第一堂課，我的表現簡直就是不及格中的不及格，我其實有點相信我即將被淘汰……咦？並沒有！陶姐鼓勵我多練習，勇敢點，不必把這些上課時的沮喪看得太嚴重；她以為每個節目主持人都該不一樣，要有自己的風格，這才是青春網真正的精神。陶姐只提醒大家放開點兒，這是一個嶄新的廣播頻道，啥都別怕。於是，就當我自己都還沒弄清我夠不夠格當DJ時，我就已經開始和Tim每天晚上搭檔，主持起了《音樂盒》。

陶姐更說到做到，沒有限制我們的主持風格。即使她面臨了很多來自當時很保守的長官們的許多「關切」，她還是不停提醒我們要自由一點，要有更多青春的活力。我記得，好像這就是全部她說的，至於長官公司給了她多大的壓力，她根本就替我們扛著，她根本不讓這些壓力影響我們做節目的情緒。

因為陶姐，更自由做節目

原來，所有青春的DJ中，最青春叛逆的應該是陶姐吧。她當時為了要開台灣廣播史上顛覆既定規矩形象的新頁，把她暗藏的天生反骨的氣勢完全發揮出來了！請你想一想，在當時那樣的社會氛圍下，能做到的，除了陶姐，沒有別人！

有一回，我剛到中廣當時的大廳準備上樓做節目，聽到陶姐在和中廣的同事們聊天，有人批評青春網的主持人講話過快、口齒不清、言之無物……只看陶姐笑容滿面地邊點頭邊說：「青春網就是要這樣才能跟你們的節目有分別啊……」當時若有臉書，這種對話可能會被按讚按爆吧？

於是，我和也愛小狗的Tim，做了救援流浪狗的單元；又和Tim做了每日學好笑英語的

單元；又請社工團體來節目中聊聊一些關懷社會弱勢族群的心得。當然，在Tim英美流行音樂的豐富感染力下，節目裡的音樂也是相當多元熱鬧。

當時的聽眾，確實都很青春。有著考試或生活壓力的小孩們，常常假裝K書，其實是在聽青春網的節目。

我們收到的點播信，不只想聽歌，也想聽DJ們如何給他們鬱悶的心事一點指引……什麼指引？我自己都迷迷糊糊的嘛！聽歌吧！想聽什麼啊？只要手邊可以找得到的，一律播放！這可樂了很多青春聽眾；事情當然有個界限，有時太歡樂了，陶姐就會撥個電話來說，同性質的歌播太多了會無趣喔……所以，當時天不怕地不怕的DJ們，卻挺怕那支放在播音室只會閃燈沒有鈴聲的灰色電話機；因為陶姐每個節目都聽得很仔細。她雖給DJ自由，也讓我們知道，當自由變成了無趣，就是老套，這樣就不符青春的原則了呀！

當時，這些和我們一起歡樂的青春人兒聽眾們稱自己是音樂盒節目的「小盒子」；Tim和我，就是兩個不想被規範的大盒子。直到如今，依然會有人在社群網站上，跟我說：「華娟，我是『小盒子』喔！」就這麼幾個字，居然可以消除時間空間的距離，回到似乎還在熱播著的青春網的時空中去。

因為陶姐的鼓勵，我在青春網度過的是一段十分美麗、自由且快樂的工作時光。

唯一的遺憾是我最好的工作夥伴Tim因病先我們而去，這位中文流利，宅心仁厚，當時在工作和私交上都對我很包容的同事，將是我和許多當時自稱「小盒子」的聽眾們永遠懷念的人。

鄭華娟近照。

鄭開來

在青春網受到的啓發

親愛的開來：

我的小學弟，你第一次來跟我面談時，我就知道你是個適合從事廣播行業的可畏的後生。因為除了字正腔圓的一口好聽的國語，你的英文也是那麼棒，於是一開始你就成為第一批青春網主持人中，幾乎是最年幼的一位。

當年我們舉行網慶的活動，用大巴士當作後台休息室，在裡面換衣服或打個尖。我正在裡面休息時你也進來了。然後我聽見一些小女生在車外大聲地喊著：「鄭開來，我愛你！」我那時就知道你一定會紅！你好像當選過最受歡迎的 DJ 情人之類的，是嗎？

我只知道你是個很會過日子卻又很迷糊的人，但是你一旦下定決心，比如那年去法國遊學，就會把積蓄都用完之後再回來工作賺錢養活自己。就這樣不要忘記愛自己的好好生活、好好工作囉！

曉清

青春網的幾位大姐——我、賈志筠、于婷——都喜歡鄭開來。

我的學習 鄭開來｜文

青春網給我最深的印象就是，錄音室跟隔壁的來賓休息室都貼滿了海報：Guns N' Roses（那時候DJ都會幫外國團體亂取中文名字鋼絲螺絲）、Basia、Mariah Carey等等，不僅聽覺上被音樂圍繞，視覺上也是滿滿的音樂藝人。

我的後青春期剛好搭上了青春網的爆發。進入青春網後，短暫的做過週末節目，很快就接下帶狀節目大夜班，凌晨兩點到五點的深夜節目。記得我都會在家先補眠，睡到一點左右出門去中廣。那時最怕的一件事就是鬧鐘故障睡過頭（還好沒發生，但現在偶爾會做噩夢，夢中我睡過頭遲到），當時凌晨的廣播生態都是以輕柔的音樂為主，唯獨青春網，從Robin的搖滾樂到我的舞曲，不但不催眠還吵得要命。說到舞曲，有一次碰到李雨寰，他告訴我當年我在節目裡播的那些英倫電子舞曲Pet Shop Boys、OMD影響他甚深，我說是嗎？我當時以為大半夜大家都睡了，所以可以不管收聽率盡情播我喜歡的音樂，青春網當時是很洋派作風的。為了舞曲唱片，有disco淵源的賈姐還幫我跟進口舞曲的「交叉線」搭上線，讓我從交叉線那邊拿到很多獨家的一手舞曲。也記得當時在圓山飯店還當過舞場的DJ，跟所有DJ企製狂歡過耶誕，在那個有舞禁的年代，青春網是很勇於衝破禁忌的。

一九九七年「台北之音」成立，黎明柔靠著叩應（call in）成為廣播霸主。其實叩應的先鋒也可以追溯到青春網，當時我們也接受聽眾打電話進來點歌，只是我們怕聽眾突然抓狂，比如說，三字經或是批評政府的話（哪像現在不罵一下政府就不潮了），我們採取預錄跟聽眾的對話延遲LIVE播出。當然寫信點歌也是很受歡迎的，在那個從含蓄轉型為開放的年代，似乎也默默地反映了人民自主傳達壓抑的情感，在廣播中得以宣洩。

青春網 DJ 臥虎藏龍

青春網裡的DJ臥虎藏龍，為了不被比下去，那時是很認真吸收音樂這門功課。那時我家的唱盤壞了，只剩下卡式錄音機，我在電台拿到的唱片會先轉拷成卡帶回家反覆聽到爛，也會去公館的二樓宇宙城唱片行，找一些非主流的唱片請老闆轉拷成卡帶（好像一卷一百二十元），還有當時CD剛剛發明（很貴買不起），於是敦化南路上還出現了CD出租俱樂部，當時我也加入會員去租CD回家聽，小心翼翼地當作寶（因為還片的時候店員會檢查有沒有刮痕）。當然除了青春網的節目之外，也鎖定了ICRT American Top 40 Casey Kasem的節目當作發音練習。

在本土音樂這一塊，青春網也是頗有著墨的。當時辦了幾場大型演唱會，其中中正紀念堂那一場我至今難忘，那一場除了請到當紅偶像Tommy Page，還有當時已經如日中天的小虎隊，當時剛發唱片的LA Boys，還有唱著台語歌卻搭配街舞一炮而紅的林強。

受其他 DJ 啓發

當時身為後輩的我，也深受其他DJ的影響，記得鄭華娟出版了《往天涯的盡頭單飛》的唱片跟書，在那個旅行尚未蓬勃的年代，特別是單身女子的旅程，立刻成為當時文青心目中的女神，每每聽她說著一個又一個來自異國的故事，除了羨慕更是一種啓發，影響了我後來走過了二十幾個國家。

另一個榜樣是賴佩霞，記得她當時常常走進監獄進行一連串關懷受刑人的活動，讓我想起當時也收過受刑人寫信給我，信封上還蓋檢查印章，他們在監獄裡可以聽廣播，對失去自由的他們，廣播是代表天空一樣的自由。

另一個榜樣是朱衛茵，很喜歡她的選曲（印象中她每週都會播Anita Baker），她利用前奏說話，一說完就接歌聲，對說話跟音樂搭配的節奏感令人佩服，那是累積多少年的DJ功力才做得到。

另外很幸運的，除了星期一至五的時段，在週末我也和田美主持了新音樂的節目。當時另類音樂剛起步，國內的藍儂唱片代理了一些冷門的專輯，印象中有Ben Watt跟Tracey Thorn的個人專輯，節目也辦了聽友會，愛樂者也都會來參加，那一種知音相會的感覺真的很棒。

當時小毛頭的我們不知人間疾苦，有關前輩們經營頻道的辛苦也是後來才聽說，但是在記憶中，青春，總是甜蜜多於苦澀，你的青春是否也是如此呢？

二〇一六年一月三十日的 Party 中，鄭開來與黃舒駿合影。

袁永興

「青春網」是他的音樂花園

親愛的永興：

你是跟馬世芳一起進青春網受DJ訓練的，我記得好清楚哦。

後來你告訴我，你是在念高中時聽到我跟幾位唱片業者工作同仁，到你的學校去談著作權法，而開始關注台灣的流行音樂的，同時對廣播開始發生興趣。我非常的開心，因為我深刻地感受到傳承的樂趣，你們這些我教出來的後生小子們，加油啊！台灣的廣播天空中有你們的存在，是我的驕傲啊！

曉清

袁永興（左前）去賈志筠家製作義賣小禮物。

我的青春有張網──我與青春有個約 　袁永興｜文

大一寒假過後到暑假前這段約三個多月的期間，是我在青春網的受訓階段。因為不是念傳播相關的科系，所以關於那些熟悉控台、操作盤機、剪接還有口語等等的訓練，全是陶姐為我訓練與上課。

我們上課的方式，大概就是我一邊模擬做現場節目，陶姐坐在我正前方，每說完一段話然後開始播歌，她就會告訴我：「剛剛這段你講了好幾遍『這樣子』、『嗯哼』……」然後我心裡就會突然變得很緊張，等音樂放完再開Mic進話，就會愈講愈小心、愈說愈小聲，然後陶姐就會提醒我：「這樣音樂的聲量跟你說話的音量可能沒有平衡好。」這麼直接「做中學」的教導，幾乎是我這一生最震撼卻也最有效的口條訓練。

從聽廣播的人走到做廣播節目主持的這段路上，「青春網」形塑了不只是我的音樂素養和主持風格，還有那整個大學生活時期，對於這個世界的好奇與憧憬、對理想的奮鬥與期盼。我經常從居住的興安國宅一路慢慢走到當時地址是仁愛路三段五十三號的中廣，邊走邊想著，我可以怎麼做今天的節目、該怎麼介紹今天的音樂、用什麼樣的心情出發，那段日子我用散步將心裡撰寫的稿子印記在腦海、反覆邊哼邊唱的旋律住進了記憶的每個時分、每個角落，然後在不知多久以後的某個場合突然想起時，我就有股說不出的溫暖散遍整個身體，這種人到中年後漸漸熟悉的暖意，是一種難以言喻的幸福。

青春網是我生命中永遠的音樂花園，許多DJ、企製與助理都是灌溉的園丁，雖然我因當兵先行離開、爾後青春網也成為過去。即使新的流行歌曲依舊紛至沓來、我的廣播生涯熱鬧與起伏笑淚交織，但我追尋的始終不是那已逝的故事，而是怎麼將得助於青春網所教會我的、隨著這幾十年來的奔波跌撞學會的、積累成智慧的厚度，再傳遞下去。

博觀約取，厚積薄發，再約取，而博發。

Dear 陶姐：

從收音機的外面
走到了收音機的裡面
謝謝 您讓我和音樂
有了更親熱的成長關係。
Thank You &
　　　　　永興
may 2nd. 1994

一九九四年，永興在我的紀念簿上的留言。

Dear 陶姊：
　　　生日快樂！

若沒遇見您，我的天空竟可能还不如呢
　　能否完成夢想。

遇見您，我在实踐夢想的过程中，
　　打開了更大的一片天空。

　　謝謝陶姊！
　　謝謝青春網！

　　　　　　　　永興
　　　　　　　　2016. Jan.

二〇一六年一月三十的 Party，永興的留言。

二〇一六年一月三十日的 Party 中，永興與我合影。

報日央中　　　　　五期星

〈DJ PUB〉

DJ是什麼？怎樣做DJ？

陶曉清

首先要說什麼是DJ。DJ的意思是DIS K，J代表的人，連在一起，是指唱片的人，也就是電台的節目主持人。

過去許多年來，電台節目主持人多使用一種「單曲小唱片」，每一張唱片只有七吋的直徑，每張唱片只要找到唱片排好順序，就能一首一首放下去。他對歌曲的安排，氣氛的控制，跟一個「馴馬師」（也控制唱片的人），簡稱DJ。

台灣的電台節目，多由工程人員控機，主持人在對面的另外一間錄音室中，只管唱片的部分，甚至有的時候，主持人只要按照歌

單，先把歌名報一報錄好，由助理或工程人員幫忙把歌曲加進去。像這樣的做法，主持人在國外的說法是AIR PERSONE L，而不能被叫做DJ，因為一個DJ是必須自己控制所有錄音室的機器的。

上耳機，聽每一首歌曲的機器，最有臨場感，不過，還可以利用電話點播，跟聽眾聊天，就算錄音播出，這位DJ仍然要能掌握住上述的各項條件，才有資格被稱做D J。

過，今天的播音員，要求講「標準國語」，不見得有什麼時代的意義。不過，就算錄音播出，這位DJ仍然要能掌握住上述的各項條件，才有資格被稱做D J。

——編按

朋友來訪及欣賞我的節目，不少人對DJ族在做些什麼？有何新鮮的想法，非常感興趣。〈DJ Pub〉將邀請D J族暢談甘苦談，也歡迎請D J族的朋友或與讀者分享你的DJ情事。

我在任職青春網時在報上發表的文章〈DJ是什麼？〉，刊登在一九九二年四月三日的《中央日報》上。

王海玲

從民歌圈到廣播圈

親愛的海玲：

我當時絕對是經過深思熟慮，才會邀請包含妳在內的歌手來擔任DJ
的，雖然妳在青春網工作的時間不是很長，但是我仍然很開心妳之後
在廣播方面，有著更開闊的工作經驗，而我也很高興當年的訓練是如
此的扎實，幫到了妳和好多的人！

我跟妳一樣，也是在有了青春網之後才跟著老師學習到Live Radio DJ
的一身本領的，所以我們都是第一代的本土DJ啊！

曉清

王海玲（右）參加我家的青春網壽司派對。

我是真正的第一代本土「DJ」 王海玲 | 文

青春網滋養我成為真正的廣播人,並讓我到現在都可以驕傲地跟人說我是第一代本土真正的「DJ」!那個用CART放歌的手工年代,我學習做一個DJ如何讀秒進歌、接歌;學著說話不踩歌詞還要跟著節奏說:關注歌曲尾巴是fade out還是cold end,決定下一首要播什麼……雖然現在用滑鼠的廣播DJ早已不注重這些訓練了,但我著實認為當年用CART的我們真的玩得超有勁、超屌的!

後來我因為談戀愛到美國去,不得不做了青春網的逃兵,感恩當時陶姐的寬容讓我一請假就請半年,感謝佩霞幫我無怨代班半年……後來我真的不好意思回來,就請佩霞接替我繼續主持,後來等我回台灣時,青春網也人事全非變成了服務網……

青春網的好,是因為我們都是愛樂人,就是因為愛音樂才有那些單純的快樂!像我們這樣純粹一群人一起玩音樂、放送音樂的快樂,我相信現在的電台再也難尋了……

當年做了逃兵,對陶姐和青春網的老朋友都感到不好意思……還好談戀愛有了很幸福的結果,後來在幾個電台做音樂總監時,我也都運用青春網時期所學習的技能,真心感謝陶姐將我從民歌手圈帶進廣播圈,豐富了我的生命,感恩青春網,讓我擁有生命中最充滿音樂「顏色」的一頁。

王海玲近照。

賴佩霞

關懷受刑人，做廣播更有深度

親愛的佩霞：

我才要說我是有多麼地愛妳啊！

妳知道我在那個時期對心靈成長課很熱衷，幾乎每個人我都會推薦課程給他，後來有人看到我就趕快轉彎避開，我那時還沒有學會有關界線與自我負責的觀念，一頭栽進有好東西就要跟大家分享的狂熱裡。

所以妳之所以會走上心靈成長的路，其實是要謝謝妳從不放棄與好奇的態度。妳的願意嘗試與堅持，才讓妳有機會走到了今天的局面。

我真高興一路上有妳的陪伴，我們一起上課、一起旅行、一起哭一起笑、一起見證了彼此的生命綻放！

曉清

我跟賴佩霞在青春網時期就很親密啦！

我愛陶曉清 賴佩霞｜文

陶姐在我的生命中扮演了極其重要的角色，不只是邀我進入青春網，之後我之所以會全心投入心靈探索、心靈成長、分享生命，最主要的引薦者就是她。

一九八九年二月，在我度完蜜月不久，便進了中廣青春網擔任DJ。從那一刻起，陶姐正式走進了我的生命。

在那之前，身為唱片歌手，只要出唱片，中廣陶姐的節目絕對是必上的通告，然而我們之間的互動也僅此而已，直到成為青春網的一員之後，才有機會跟陶姐一起工作、一起分享生命、一起成長。

雖然事隔久遠，然而回想起青春網那一段時光，就是整個的「開心」。從小到大，我一直是個獨來獨往的人，即使在唱片公司的那一段時日，跟其他人的互動也相當有限；青春網的成員對我來說，就是家人，而陶姐就是這個家的大家長。而今，雖然青春網在形式上已經不存在，但我心中一直認定陶姐就是我的家長。

除了親人，她是我生命中最重要的人；這一點，我猜陶姐可能並不知道。

她看著我從歌手、主持人、為人妻、為人母、離婚、徬徨、無依、再婚、喪母、與父親團圓，求學、開課、授課、寫書、出書、畫畫、攝影、演舞台劇、當發行人，經歷了美滿、低潮的日子，這一路走來的成長她不只看在眼裡，而且我著著實實感覺到她的支持與關心。

包括當我出第一本書《回家》時，第一個想分享的人就是陶姐，她也毫不猶疑地把書看完，同時寫了一篇教我非常感動的推薦序。她一直都在一旁關照我，陪伴我。

藉這個機會，我要跟陶姐說一聲：「謝謝妳，我好愛妳。」

因為青春網，開啟了我的生命視野

與青春網的結緣開啟了我生命重要的一頁：我開始跟來賓做深度的訪談，開始打開自

己的心，開始認識自己、了解自己，開始接觸除了演藝生涯的第二個興趣與專長：心靈探索。

當時陶姐知道我很早就接觸身陷囹圄的受刑人，節目中我特別開闢了一個給受刑人的信箱，無論是受刑人、家人、民眾，只要心懷好意，都可以投書來鼓勵收音機旁的聽眾。有一天陶姐問我：「既然妳關心這一些人，要不要去上一些心理學的課，也許對他們更有幫助？」就這麼一句話，我點了頭。她不只提點了我一個新的方向，而且介紹了這個領域最好的老師，就這樣，我一直走在這一條心靈成長的道路上。

如今，我不但從最初渾沌的情緒泥沼中爬了出來，同時也樂於跟人分享自己所學與生命經歷；這一路都有陶姐在我身旁。

除此，更難能可貴的是陶姐身邊總圍繞著一群善良、純真又有趣的人，她的存在似乎提供了一層無形卻穩定的安全網，只要跟在陶姐身邊，你真的會確認：台灣最美的風景是人；甚至這個世界。

「陶姐，謝謝妳，妳的熱誠與熱情點亮了身邊一群人生命無限的光彩。」

「當妳生病的時候，我根本不敢去看妳，因為我怕，我真的怕……。我要妳永遠都在我身邊。雖然我並沒有常常黏著妳，但是希望妳知道，我真的很感謝妳，很愛妳，很敬重您，很喜歡妳！愛妳的優雅、妳的美、妳的天真、妳的笑容、妳的堅持、妳的真誠，這一切我都愛。謝謝妳為青春網的同事、聽眾所付出的一切，更謝謝妳珍貴的情誼。祝妳永遠永遠健康、快樂；愛妳的佩霞。」

與其說我愛青春網，我更想說，我深愛陶曉清。

二〇一六年一月三十日的 Party 中，賴佩霞跟我深深擁抱！

蔣國男

專精鄉村歌曲

親愛的蔣爸：

原來是我把你定位在「鄉村歌曲」上的。當年我依稀記得你在這方面特別專精，後來我想起你對百老匯音樂劇也很投入，讀你的這篇文章才又想起你確實對好多不同領域的音樂型態都很了解，只是時勢造英雄，你也剛好順著時勢，成為台灣鄉村音樂的第一把交椅。

曉清

蔣國男在青春網直播室。

那段當我還算年輕的美好時光 蔣國男 ｜ 文

跟所有曾經在青春網工作過的朋友一樣，那段時間的點點滴滴構成了許多我生命中最珍貴的美好回憶。認真說起來，我在比較年輕的時候，從來沒有想過自己竟然有跟廣播結緣的一天，我只是向來愛聽西洋歌曲，頂多仗著自己對英語的理解力比同儕好一點，有時候會替他們解說某些可能被他們誤解了含意的歌曲，僅此而已。

後來大學畢業，誤打誤撞地進入一家當時剛創刊的音樂雜誌，就此開始跟西洋流行音樂的資訊有了關係。我還記得，由於營運狀況欠佳，公司曾一度跟那個時候也剛剛開始搞雜誌、還沒有介入唱片事業的滾石公司合併上班。由於工作的關係，我開始接觸到一些在廣播界服務的朋友，其中當然包括陶姐。

後來，由於某些原因，我幾度轉換跑道，在報社工作的期間，因為常常跑一些唱片公司，因緣際會之下，接受一位外籍友人的邀請，開始經營唱片公司，代理一些歐美品牌在台灣發行的業務。

我必須承認，自己真的不是個很聰明的人，從來沒有深入地去思考如何經營事業的細節，年紀輕輕，既沒有經驗，又缺乏財力，莽撞地面對一個習慣購買廉價翻版唱片的市場，當然無比吃力。為了宣傳，我只能請過去認識的那些DJ好友們幫忙，有時候碰上部分對西洋流行音樂比較不是那麼在行的廣播節目時，更乾脆硬著頭皮去充當客串的來賓，接受主持人的訪談，自己來介紹公司出版的一些藝人和他們的歌曲，更進而接下為某些節目擔任執行製作的職務，替主持人編排節目內容、幫他們撰寫廣播稿。沒有專心本業的結果，當然是最後把公司頂讓給親友。

有機會到青春網主持節目

有一天，我接到陶姐的電話，邀請我加入中廣新開闢的青春網，主持一個節目。陶姐的邀請，讓我既興奮又緊張。興奮的是，過去總是為他人作嫁衣裳，現在竟然可以有自己的節目，按照自己的喜好來介紹音樂，真的是太過癮了。緊張的是，由於那是主持人必須現場親自操控所有播音器材的，沒有成音人員代勞，你在介紹節目內容的同時，還得準備好接著要播出的歌曲，而當時我們的音樂都還是使用黑膠唱片，頂多分尺寸大小，必須準確地手動找到歌曲的開頭在哪裡，可不像現在只要按個數字就可以了，而我從

蔣國男與賴佩霞。

未有過這樣的經驗,生怕到時候會手忙腳亂地出錯。許多同樣接受邀請的朋友也都有著相似的擔憂,還好陶姐非常貼心地幫大家請來一位專業的行家,為我們開課,教導我們如何操控那些器材。

除了器材的操控,我們還得學會計算歌曲的前奏有幾秒,控制自己說話的時間,像歐美DJ們那樣,讓歌曲的演唱部分準確地在說完介紹之後立即出現。在過去台灣的廣播界沒有這種習慣,通常都是介紹詞跟音樂完全分開播放的,於是還沒有太多經驗的我們就多了一項功課,設法為自己打算播放的歌曲做出註記、標明前奏長度,以及歌曲最後是淡出還是在高潮中結束,假如屬於後者,我們就標上一個英文字母「C」,代表它是「Cold End」,準備好等音樂一結束就打開麥克風說話。在發音室新添的單曲匣式錄音帶的標籤上,可以看到一些外人可能覺得奇怪的數字和字母,只有我們知道那些代表的是什麼。剛開始的時候,確實很不習慣,不過後來也逐漸適應了。

其實,需要學著適應這種播音方式的,還不只有我們。後來真的開播之後,我們經常會接到聽眾的抗議,因為我們是以立體身歷聲播出的,音質有點接近FM的效果,很多人都想用卡帶把歌曲錄製下來,但我們的做法使他們無法把歌曲乾淨而完整的錄製,所以他們很不高興,我們也只好努力地設法解釋跟安撫。

那段介紹鄉村音樂給聽眾的日子

在課程結束之後，終於到了醜媳婦跟公婆相見的時候了。一九八八年八月十五日，青春網正式開播，我因為設定了專門介紹鄉村音樂，所以節目只有在週末播出，壓力不算非常大，但還是難免出過一些糗事，還好，雖然個人生性內向，還是學會了泰然處之，總算沒有弄得太難看，現在儘管已經記不清當時的詳情，回想起那個時候，還是覺得很有趣。說來不怕你笑，早期因為實在很緊張，還特別準備了一本筆記簿，精確地列出打算播放的每一首歌曲，連如何介紹串場的內容都先想好、用文字寫下來。當然，習慣成自然，後來它就功成身退了，而那本筆記簿我到現在都還保留著呢。

生命，總是不停轉變的。在青春網的期間，我從一個老光棍，變成了一個有家室的男人，很快又升格當了父親。另外，由於某些我到現在都還不曾真正知道的原因，青春網逐漸有了改變。原本我是週末下午的鄉村音樂節目，後來接下每天午夜過後的常態節目，雖然面對了不同的管理階層，甚至後來青春網宣告停播、改為「服務網」，那種大家庭的感覺，現在回想起來，仍然很美好。也許現在大家都改叫我為蔣爸，也許我已經是「資深」公民了，但那畢竟是我還算很年輕的一段歲月，所有的酸甜苦辣，都是我難以忘懷的，儘管逐漸褪色的回憶已經開始不是那麼清晰，可是卻永遠不會磨滅。感謝陶姐給我這個機會，也謝謝所有曾經在青春網一起走過那段歲月的老友們。

于婷

真心喜歡廣播與主持節目

親愛的于婷：

讀妳的文章，就如聽妳主持節目一樣，一直能感受到妳的熱情奔放。我還清楚地記得在廣告會議中見到妳，總是用最短的時間談完了公事，然後花更多的時間繼續談音樂，而妳總是眼神發亮，聲音高亢。所以後來妳來接受DJ訓練時，我一點也不意外。

多年來，妳一直是我知心的朋友，我每次去加拿大學習時，總會到妳家叨擾個幾天，還麻煩妳開車接送，妳跟家人就是那麼寬容的純然接納。還記得有次我遇到生命的低谷，妳也總是關心地聽著我訴說。

這次青春網的出書任務，妳又是那個默默在背後支持我的力量之一。隨時針對我提出的要求，有求必應。感謝妳！

曉清

青春網時期的于婷與吳建恆。

I love music 于婷 | 文

小時候只要父親在家時，我耳邊就經常會聽到他喜歡的**Big Band**歡樂爵士樂（父親當時任職於空軍，曾在美國受訓，因此有機會帶回大量的國外唱片），可能因為這樣的成長環境，音樂對我來說，帶來的是歡樂、團聚，和被疼愛的感覺。而我自己則在十四歲時經由朋友的介紹，瘋狂迷上了60's & 70's百花齊放的西洋搖滾樂，從那時起，我奉獻了幾乎所有的零用錢和稍長打工的收入，流連在當時中華商場和西門町的唱片行，也開始迫切地想和同學、朋友分享自己喜歡的音樂，每次都煞費心思用賄賂的方式（買點心請大家吃……），邀請他們到家裡來聽「搖滾樂」。

一九八八年青春網開播時，我已是業績不錯的廣播廣告代理商，有天和好友羅懿芬（人稱貓后）聊到廣播人可以和廣大聽眾分享自己喜歡的音樂時，霎時間心頭湧現了能成為廣播人是件「多美好、多爽快的事啊」的念頭。之後經由楊嘉的介紹，我參加了青春網第二梯次的培訓，也幸運被當時導師Richard及其他主管評選，成為青春網一九八九年八月的播音員。那時我正懷胎六個月，在每個週末深夜，開心地挺著大肚子，帶著許多我從世界各地買來的CD和工具書，到電台興奮地和聽眾分享。

在那剛解嚴不久的年代，大部分青春網成員和一般進出中廣的人員，形象上是有些不同的。門禁森嚴的電台守衛們，對平日白天常因廣告業務，穿著高跟鞋、衣冠整齊；和在週末夜晚做為播音員，穿著拖鞋、拎個裝很多CD像菜籃的包出現在電台，這兩種形象截然不同的我，覺得很有趣。也會私下跟我說，你們青春網的人，很多都怪怪的喔（衣著、髮型、談吐，甚至走路的模式）。

快樂的廣播主持生涯

猶記得第一次領到低於我正常收入許多的播音員薪資時，我開心到手舞足蹈，因為以前我得花錢、費心思請人聽音樂，現在分享我喜歡的音樂給人聽還有收入，真是太完美、太不可思議了。那幾年間，也因此忽略了錢途大好的廣播廣告業務，真可謂是不務正業，卻也開啓了我長達近二十年快樂的播音之路。

真心感謝許多包容我對音樂任性喜好的貴人：從事音樂工作的老公、我廣告公司的合夥人（葉秀蘭）、貓后羅懿芬、楊嘉、我亦師亦友也是人生導師的陶曉清，還有在廣播界提

攜我的石元娜以及後來我移居加拿大的加拿大中文電台總監李方（他也是青春網的知名DJ，比我更早移居加拿大）；這些人成就了、滿足了我喜歡分享音樂的熱情。

進入青春網，我有機會訪問、接觸許多國內外的歌手、藝人（Celine Dion、Lenny Kravitz、Garth Brooks、張國榮、梁朝偉……），我的人生，也因為聽到他們各種奮鬥的故事而得到了不少啟發；這些藝人除了對音樂、創作、表演的熱情外，他們讓我感觸最深刻的，應該就是「努力的人不一定會成功，但成功的人一定努力過，且愈是成功者，他們待人處事上愈發的謙虛」，他們會有今日的成就絕對是實至名歸。

以前我沒想過，為什麼青春網夥伴們相處的模式和一般社會大熔爐中的爾虞我詐不同，反倒像是大家庭般的感情融洽，多年後有緣再度聚首，我才明瞭曾經看似不羈的我們，其實大多都是一群思想前衛，行為卻相對保守、害羞的人，我們因為有著共同的愛好——「音樂」而走在一起。

感謝中廣青春網讓我們擁有一段共同珍貴的青春回憶。

二〇一六年一月三十日的 Party 中，于婷（右）與翁彥琪、鄧文娟、陳嘉寶、趙偉娟合影。

有關青春網的業務

于婷 | 文

八〇年代初,我進入廣播廣告代理業的時期,傳播媒體不若現在百家爭鳴,大部分電台的經營型態,除了自己本身有營業部外,很多收入都得靠廣告代理商承包節目或轉發客戶預算至電台,其中中國廣播公司可謂是一家獨大,因為那時它擁有最多的全省聯播立體調頻網(Stereo)、(FM),而音質較差的調幅網(Mono)、(AM)則多屬服務地方的性質。

隨著台灣經濟的起飛,一般民眾的消費行為也從「需要」轉變成了「想要」,加上愈來愈多的專業廣告人才投入市場,因此帶動了大量廣告的需求,廣播廣告亦是其中的一環。當中廣青春網籌備開播前,中廣調頻網有些時段的廣告已經火紅到需要搭配一些冷門時段才能上檔的熱況,其中又以流行網為最。

青春網於一九八八年八月十五日開播,它是除了ICRT(前身為美軍電台)外,唯一的一個以西洋音樂為主、全省聯播的調幅頻道,雖然對當時求知若渴的青年學子是一大福音,但因為:
一:不是二十四小時全日播出。
二:身處音質較差的調幅網。
三:廣告廠商多以家庭主婦、營業場所、上班族為其主要消費族群。

所以即便擁有廣大的年輕聽眾,它依舊常淪為被調頻網廣告搭配的對象。

九〇年代中期隨著廣播天空(中、小功率電台)的開放,中廣公司將新聞網從FM轉換到青春網AM播出的所在地,不甚有經濟價值的青春網也就功成身退了。

現今偶爾回顧當年,人才濟濟的青春網,培育了許多現仍活躍在廣播界,及各行各業的菁英,若以我個人廣告業務方面的經驗,和曾受過專業廣播DJ培訓的角度來看,當時青春網若是能在調頻網播出,相信它的熱度應該能夠持續更長的時間。

周易

廣播生涯從廣告業務開始

親愛的周易：

我對你最初的印象是你參加中廣同仁的尾牙活動，跳了一支Michael Jackson的舞，你還戴了一隻似乎是釘了亮片的手套，炫極了！

然後，另一次驚豔是在殷正洋與李文瑗婚禮後的慶祝會上，你跟另外兩位扮演的Drag Queen，我永遠會留下那個印象的。

後來你成為我的讀書會的成員之一，我們常常會定期聚會分享彼此的心情。一度你還是中華音樂人交流協會的執行長，我們在一起完成過好多事。

青春網一起工作的時間並不長，我也是在讀你這篇文章時，才想起來你當時對在業務部工作其實是很不能滿足的，後來你終於離開了這個公司，開始了不斷換工作、體驗不同人生經驗的過程。

曉清

青春網時期，周易參加讀書會與我合影。

我的青春廣播記事　周易｜文

當個廣播DJ一直都是我從小的夢想，但是與青春網結緣卻是繞了一大圈。當年我是參與中廣正式廣播主持人甄選，通過層層筆試、口試錄取的四人中唯一的男生，那時中廣擁有最多的廣播頻道，流行網、寶島網、新聞網，甚至多種語言的海外網，心想這下最少也應該可以有個時段露露聲了吧。但是事與願違，那屆從上千人中錄取的四人，竟然沒有一個真正被編入主持人的工作，其中一人到會計部，一人到行政室，其餘包含我的兩人就分配到業務部（當時我確實認為中廣真是太賊了，竟然以DJ招考之名，行各部門補缺行政人員之實）。當時的中廣是獨大的廣播龍頭，採取代理商包時段與節目的廣告經營，所以在中廣的業務部門是不需要拉廣告的，只需要服務好我們的代理商，當然還要審查節目與廣告，當時除了新聞外，所有放送出去的內容都需要層層管控的，那時候最夯的流行網節目有時都提早一星期錄製送審呢！有幸的是，當時我負責的剛好是流行網與青春網的廣告業務與廣告排播，因此認識了陶姐並就此走進了青春網的活潑歲月，當然也同時開啟了真正的廣播DJ之路。

當我參與青春網DJ培訓與甄選時，青春網已經開始一兩年了。這裡的自控自播才真正讓我深深了解一般廣播主持人與現場DJ的差別，還有自我掌控機器的樂趣與聽眾直接交流的魅力。青春網也像一個大家庭，彼此從上到下完全一心一體（甚至可說是沒大沒小），真是令人羨慕。當時的流行網節目可是各自錄製且不相往來的呢。青春網還是中廣公司裡的異類，其他頻道與各部門都像公家機關上下班一樣，除了新聞部值班與播出中心播放盤帶極少數人員之外，晚上偌大的中廣大樓根本就是一座漆黑的空城，但是這時窩在老舊大樓深處的青春網直播間，才正是華燈初上，開始為一夜的狂熱點燃序曲，晚上開播到凌晨的現場節目中各個主持人與企製，長期下來最熟悉的中廣公司同仁竟然只是大門警衛而已。所以如今想起來，青春網應該是天高皇帝遠，最天不怕地不怕的中廣一分子了。

二〇一六年一月三十日 Party 中，右起鄭開來、趙婷、周易與鄧文娟。

陳美瑜

專業廣播主持人加入青春網

親愛的美瑜：

我確實是非常珍愛妳這位後輩的，我清楚地記得，當我確定要放下流行網主持了多年的《熱門音樂》與《中西民歌》節目時，有多少人勸我不要那麼做。但是我已經鐵了心腸。我確定光是負責青春網這一個工作，已經讓我分身乏術了，而且我也希望做為一個節目主持人能全心全意地主持好節目，不過那時我真的感到身心疲憊，於是我選定妳做為我的接班人，決心好好地只管青春網，而放下主持人的重擔。沒想到妳沒有承接多久就放棄了那個時段（我記得之後接檔的是張小燕的《小燕有約》節目）。

我也不記得妳又是在什麼情況之下進了青春網的，一定也跟我脫不了關係吧！我們的緣分也算相當深了，是吧？

曉清

青春網時期陳美瑜與劉冠佑合影。

多采多姿的青春網生涯　陳美瑜｜文

感謝在我記憶還未完全退化之前有了這次聚會，經由大家的回憶慢慢拼湊出當年的場景……

老實說，我已經想不起來當年是怎麼加入青春網這個大家族的，因為除了陶姐之外，我是唯一的異類──專業廣播主持人，猜想應該是我與陶姐的淵源：她除了是我敬重的廣播界前輩，還是我的「師母」──亮軒（馬國光先生）是我就讀國立藝專廣電科時的班導師及科主任，學生時代在老師家見過久仰的師母，雖然畢業後如願進入廣播界，但是在剛硬色彩的軍中電台（後改名漢聲電台）工作十年中，不太安分地除了廣播，還玩電影、電視、廣告配音、電視節目及演唱會主持，也許因為這樣，在決定離開漢聲電台時，我的師母才把我拉進中廣，接下她原本的《熱門音樂》時段，做了《音樂沙拉》節目；可惜年輕氣盛，一年後受不了業務部三番兩次的「糾正」節目內容（好友盧昌明鼎力相助的單元），於是，老娘不幹了，把師母苦心託付的大好江山拱手讓人，直到現在還是覺得愧對師母！

至於是怎麼加入青春網主持《八點檔》節目，我真的錯亂了，不知誰可以幫我補這塊拼圖？只記得當初在青春網主持現場節目，還得自己控機，真是比在漢聲電台值班報新聞還緊張，還好有可愛的企製群：苹芳、中芳、建恆、冠佑、哲民、朱凱、阿倫、永興……才能安然度過每個夜晚。

在青春網的日子，節目中接觸了各式各樣各界中的人才，節目外跟著陶姐參與了非常多的活動，真是多采多姿。

當年拜青春網改變型態之賜，我才有機會成為青春網的一分子，謝謝陶姐，謝謝所有可愛的工作夥伴們，謝謝你們豐富了我的青春年代。

二〇一六年一月三十日 Party 中，陳美瑜與吳建恆。

程港輝

《新音樂》找回音樂的理所當然

親愛的港輝：

我真的高興能有你在青春網工作，雖然你的時段冷僻，你的工作時間也不長，但是喜歡你播出的音樂的聽眾自會找上你。

我對你的印象就是表面上看起來冷冷的，但是只要一跟你談起音樂來，就馬上發現你有多熱情，因為你的聲調馬上升高了，眼神也跟著發亮了！

我很高興能跟你重新連結上，我也很開心你目前還在兼職做廣播。同時也謝謝你在面臨香港的母親重病時，還寫了稿子給我！

曉清

程港輝在青春網錄音室。

程港輝近照。

LOVE & PEACE 程港輝 | 文

青春網就像我人生中的其中一顆LSD！

成長在一九七○年代的我是一輩子也忘不了，每年暑假只有一次機會在電影院裡朝拜Woodstock。在黑暗的電影院裡，我，後Flower Power Generation的其中一個，眼裡含著淚，在震動的搖滾樂聲及草在燒的味道中FAR OUT！腦海中織著Love & Peace的大夢。當然，走出電影院，刺眼的陽光告訴我這正是殘酷的夢醒時分。嬉皮的大夢怎敵得過畫了皮的資本主義！夢想本無法成真，but you can dream on and on and on……

青春網也是我的一個夢，卻是可以成真的美夢！

一九八三年從香港飄洋過海到台北，在香港的年輕歲月中，許多的理所當然在台灣卻是禁忌。How come？

記得有一回從香港寄來一張Jean-Luc Ponty的黑膠《Sonata Erotica》，當時的新聞局二承辦審查的人員說那是色情音樂，不能放行！

因為前輩凌威，我認識了陶姐，讓我有機會加入青春網。在這之前，我在凌威的中廣AM台搖滾音樂節目中也已客串了一段時間，前後之間也在他的AC/DC、Roxy、Feelmore Jazz當過DJ。

一九八八年八月十五日，陶姐的中廣青春網BCC AM Stereo開播，我主持了一個以英美獨立搖滾、地下搖滾、後龐克搖滾及當代新浪潮搖滾為主的節目《新音樂》，讓我把音樂的理所當然找回來：只有喜歡的音樂，沒有其他。

青春網這個美夢中唯一讓我傷感的，是認識了薛岳卻很快地失去他。他的一九九○年九月十七日的「Last Concert灼熱的生命」，他的Last Album《生老病死》，他的Mandarin Rock Jazz，他的身影，他在一九九○年十一月七日下午離開，他今年六十一歲，他是一座孤獨的島，他跟自己說，他如果還有明天，讓灼熱的生命慢慢地燒！

生命，本來就是Once And For All，美好卻長存。

我只有感謝，青春網。

蘇來

從青春網建立廣播節奏

親愛的蘇來：

我們的故事實在太多。我的生命中自從認識了你之後，好多的經驗都有你的存在，最最開心的是我的家人與你也都成了好友。就算有著這種深厚的交情，我還是很難過地回想起當時一些不那麼愉悅的關於青春網的往事。我已經不記得主要的原因是什麼了，但是我的職位使我成為那個必須告訴你：「你需要離開了！」的那個人。多麼不情願又是多麼地無奈！

好在這件事並沒有影響我們之間的友情，我們一起去看各種表演，上過好多成長課，一起旅行，一起欣賞許多博物館美麗的收藏，一起慢慢變老——似乎不宜那麼說，你畢竟小我好多歲！

曉清

青春網時期的蘇來與我合影。

我最初的廣播經驗在青春網 蘇來 ｜ 文

我的廣播生涯曾參與過三個不同的草創，分別是中廣青春網、宜蘭中山電台、飛碟電台，這三個電台的工作經驗，代表了我在廣播中不同時期的成長。

說來也巧，自小聽中廣的節目長大，我的第一首歌發表於陶姐的節目中，第一個訪問便是以作者的身分上了陶姐主持的《中西民歌》。一九八三年推出第一張專輯《讓我與你相遇》，不到一年，就以救火隊的身分去主持中廣台南台的《南國之夜》。當時做節目完全是憑感覺，雖是錄音，但我堅持吃螺絲也不停機，完全當成現場來進行。後來陶姐邀我主持青春網的《飛行天線》，百分百的現場，簡直就是太過癮了。

我對廣播的節奏，廣播網性的了解是在青春網時期建立起來的，雖然主持《飛行天線》節目只有三個月，但開播前的訓練，開播後每天的臨場，都為我後來參與中山電台、飛碟電台的節目製作管理奠定了基礎。青春網時期的中廣是國民黨一黨獨大的時代，中廣是保守意識型態中的保守重地，具有宣政傳播的任務，以播出英文歌曲排行榜TOP 100為主的青春網，現場播出還接受現場點歌，當時不只在中廣，甚至整個廣播界都是奇葩般的存在。

青春網在當時中廣所有的頻道中最年輕，工作人員不管肉體或靈魂都是青春正茂的時候，來賓到了青春網都特別放鬆，感覺就是大學社團，節目進行看起來隨性，實則訓練有素、專業熟練，每週一次有個監聽評比會，不管自己或別人被評論糾正，都是最好的學習。

我先是有幸趕上了民歌時代，繼而因創作歌手的身分和廣播結緣，廣播生涯中分別在中央、警廣、宜蘭中山、飛碟聯播網、中廣流行網主持過節目，青春網回想起來，是停留時間最短，影響卻最深遠的地方。

就像青春時的戀情，總有一段，會讓你忽然就懂得了人生的明暗，與時間無關，那是心靈的門窗，緩緩啟開……

蘇來近照。

周華健

以一個歌手的身分參與

親愛的華健：

我同意讓你寫的文章維持現在的這個樣子，實在是因為那也是一種很可愛的編排方式。

我會邀請你來接受DJ訓練，成為青春網的主持人，真的是因為在訪問你的過程中，知道你是真的愛音樂的人，同時也愛分享。

這麼多年以來，我更是見證了你在音樂工作上的種種成就，我很高興地承認我是個有慧眼的人！

曉清

青春網時期周華健與各位 DJ 合影。

我～不只是一位歌者，
我還曾經是一個 D ～ J ～　周華健｜文

當年我遠在香港
感受著台灣校園民歌的熱潮時
原來
她就是那——民歌之母
後來
我有幸上她的節目
大談The Beatles、John Lennon、Paul McCartney的時候
印象中當時的電台裡
應該只有她這位專業的DJ
是聽得懂的……

從第一秒聽陶姐的節目開始，你就知道
陶姐是很尊重音樂人的
她總會這樣說：以下這首歌的歌者是……
歌者兩個字
總讓身為歌手的我
感覺備受尊重

青春網是直播節目
青春網的出現
是一個地方自由化的重要表徵
今天大家能自由自在
在直播節目中侃侃而談的方式
對當年極為嚴肅的中廣頻道來說
簡直是破天荒不可思議的
而青春網
當時就是這樣的一個
破冰的節目

有幸被選上當DJ了
於是開始受訓
開始學習如何操控唱盤……
如何操控軌道……
如何在前奏前把感性的話說完……
什麼時候又要來點幽默……
如何適時拿天氣報告來開玩笑……
最後
如何發揮當年我喜愛過的主持人的那些魅力

獲益良多！

今天的直播室裡
電腦螢幕上會出現一大堆網友的留言
就是那些：
寂寞的藍調、遙遠的猩猩……
要不然就是：
吳佳可貴、梅仁義……等等
大家能想像嗎
我們當年與聽眾溝通的方式
是來信！

在那個還沒有網名的年代
我們隨時會收到
千百個雅惠、雅玲、淑芬、家豪、志明……的來信
一不小心
當你在回答一位少女雅惠的來信時
她原來是另外那位
兩個孩子的雅惠媽……

當然也有來鬧場的：

我是一個十四歲的小女孩
天見可憐
我是一個癌症的患者……
我想你為我點播一首歌～

而且每週都來信……

謝謝你上週為我點播的〈心的方向〉
可是你沒報我名字……

於是
我們就開始發現有詐……

最荒謬的是
多年後我機緣巧合
去洛杉磯辦演唱會
演出前做了一兩個電台訪問
一位美少女跑來問我
你還記不記得多年前你當DJ時
收過上述的來信嗎？
而寫信作假的人
居然就是～她！
更荒謬的是
她現有的工作就是一位電台DJ……

現下如今不太會有人用寫信來點歌囉
進而用網名留言的
都是當時的一瞬間的想法
一首歌
或者說
一個DJ的風格
其實聽眾連沉澱一下、累積一下
讓感覺發酵一下的機會都沒了……

我以一個歌迷的身分
受惠著陶姐所孕育的民歌土壤
卻更幸運地
能以一個歌手的身分
趕上了陶姐想要給台灣廣播生命的一種應該有的面貌！

陶姐～謝謝妳

不瞞妳說
有一段時間
掛在我嘴邊的一句話是
我～不只是一位歌者
我還曾經是一個D～J～

──周華健，二〇一六年二月二十六日

周華健近照。

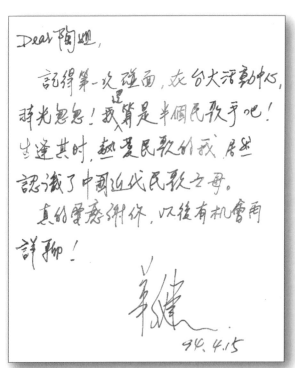

一九九四年周華健在我的留言簿上的留言。

DJ 們：李方坐著，右起：李文瑗、周華健、朱衛茵、蘇來、薛岳、Robin、張培元、葉孟儒、程港輝、致怡。

黃韻玲

老爸的收音機是重要的廣播啟蒙

親愛的小玲：

我這才知道原來妳曾經在青春網工作的經驗，是妳爸爸的啟蒙，也是妳兒時夢想的實現。這真是多美的一件事啊！

我喜歡妳跟那幾位同齡的愛樂者，當時就看好你們各自會在音樂上有發展，妳那時的表現更是可圈可點。我提出邀約後，並非所有的人都能貫徹始終地定時來學習來練習，所以其實我才真的要謝謝你們幾位能持續到底。

曉清

青春網早期的一次聚餐中，黃韻玲與我、藍傑合影。

兒時夢想的實現　黃韻玲｜文

老爸的收音機是我最初想寫歌創作的開始。印象很深刻,大概是在上小學的階段,每天晚上我都等著爸媽趕快上床睡覺,這樣我就可以拿爸爸的麥克風錄音,把自己喜歡的歌串成一個電台節目錄在卡帶上,然後自己陶醉。

當我第一次坐上「中廣青春網」的錄音室控制台,內心非常激動……啊!沒有想過這些兒時夢想會實現。

想起那個年代,沒有電腦播歌,一切都要自己手控。除了放唱片、CD之外,還要注意廣告卡匣帶的順序,整點報時,切換整點新聞,真的讓我手忙腳亂……記得有一次,來不及切換整點報時,於是直接開麥克風學鐘響:「du……du……dudi……現在時間下午兩點整。」,當我一du完,長官很快地就出現在眼前,然後開始炮轟&@$……!

當然還有幾次忘記播放廣告帶,害業務部急到跳腳……這些當時看來像悲劇的場景,現在想起來那畫面依舊很生動……

非常謝謝陶姐,在我音樂成長的最初,給了我許多學習的空間和機會。當年如果不是陶姐破例讓我們參加金韻獎,真不知道現在的我會在哪裡呀……

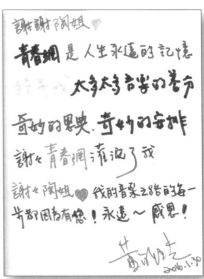

謝謝陶姐 ♥

青春網 是 人生永遠的 記憶

給了我 太多太多音樂的養分

奇妙的恩典,奇妙的安排

謝謝青春網,流淚了我

謝謝陶姐 ♥ 我的音樂之路的每一步都因為有您!永遠～感恩!

黃韻玲
2016.1.30

二〇一六年一月三十日 Party 中,黃韻玲與我。

二〇一六年一月三十日 Party 黃韻玲給我的留言。

賴聲川

介紹當時還不流行的爵士樂

Dear Stan：

我仍然記得當年去艾迪亞聽你們唱歌時的情景，然後持續地成為你負責的表演工作坊的忠實觀眾。青春網那段時間，我們共事時間雖然不長，卻都是彼此年輕時的美麗記憶！我多麼享受聽你的爵士樂節目，你低沉的聲音在收音機中傳出來時，真的非常有魅力。一直到今天，我最愛欣賞的現場演出的音樂會還是Jazz，特別期待每位樂手的即興 solo，都是受到你的節目的影響呢！

曉清

青春網時期的賴聲川。

即興的靈感 賴聲川｜文

我在初中的時候，熱愛熱門音樂，陶曉清自然是我的偶像。她的電台節目陪伴著我度過搖滾樂最精彩的年代。我上大學後，也成為艾迪亞餐廳的元老，那是民歌的發源地之一，我在那裡駐唱了五年，也曾經在那段時間上過陶姐在電視上的節目。這些都是七○年代的事情。八○年代，我學成歸國，開始從事劇場創作，成立「表演工作坊」。那幾年差不多每年都有兩部新的劇場作品在台北演出和台灣各地巡迴。

記得是一九八八年，陶姐跟我聯絡，她知道我多年來對爵士樂的著迷，希望我在她所主持的中廣青春網裡主持一個爵士樂的節目，我一句話答應她，然後就開始製播維持了四年的青春網節目《即興的靈感》。

那時候台灣沒有太多人聽爵士樂。身為爵士迷，我就拿出了自己的收藏做為節目的主要內容。中廣也有些爵士樂的唱片，也和朋友借了一些，湊來湊去，還是做出一個我自己感覺不錯的節目。回憶當年，我記得有一段時間，我會有系統用歷史的年代來介紹爵士樂，換一段時間又會換不同的風格來介紹爵士樂的學派，又在不同的時間段落中單獨介紹一些爵士樂的大師。幾年下來，我自己的工作愈來愈忙，雖然非常喜愛這個節目，但是時間已經不允許我繼續做下去。

《即興的靈感》成為我這一生中唯一主持過的電台節目。回想起來，非常懷念做節目的那段日子。陶姐給了我絕對的自由，從聽眾的來信中，深感自己為一種台灣幾乎完全不了解的藝術型態播下一些種子。真的要感謝陶曉清，讓我們的社會中能享受到太多美好的東西。

賴聲川與盧戡平在錄音室合影。

庾澄慶

有趣又過癮的廣播生涯

親愛的哈林：

我一直記得Richard Calder 對你跟薛岳的評論，他說薛岳是個serious guy trying to be funny；而你則是個 funny guy trying to be serious。這些年看你主持節目時經常呈現出你funny guy的特質，我不得不佩服 Richard的眼光。

特別謝謝你，在我兩次重要的生命經驗裡都來參加了，一次是我從中廣退休，一次是青春網的聚會，還都留下了感人的留言。

曉清

黃韻玲（下），右起賴佩霞、庾澄慶、鄭華娟在青春網合影。

短暫但開心的 DJ 生涯　庾澄慶｜文

我以前認定的DJ是在Disco放舞曲音樂的，就已經夠酷的啦，因為可以掌控現場的幾十個幾百個人。後來知道在電台主持節目的DJ就更了不得了，因為透過電波介紹很多音樂給更多更多的人聽，簡直就是太酷了！

所以當陶姐邀請時，我就馬上答應了。

能夠把自己喜愛的歌來跟聽眾分享真是一種喜樂，我最喜歡把自己聽過卻是別人較少聽過的好歌，像挖箱寶一樣的從自己的收藏裡面找出來，介紹給聽眾。同時，找到一群人，物以類聚，有的時候還可以比比誰更厲害。

除了開播時跟幾位歌手共同主持《午安陽光》之外，我還主持《誰來晚餐》，播出我最愛的黑人音樂。

庾澄慶在青春網時期，到國外錄《改變所有的錯》這張唱片，與錄音室工作人員合影。

陶姐說我替青春網做過一些台呼音樂，我不太記得了，但是我給自己的節目做過很多短短的、很可愛的串場音樂（jingles），可惜這些資料早就已經不見了，不知道是不是還有聽眾曾經把這些東西錄下來保存起來。

在上節目之前，雖然經過老師的訓練，但是剛開始要自控直播的時候，仍然難免手忙腳亂，這時有助理在旁邊幫忙就很有幫助了，後來也開始了得心應手、如魚得水的短短的廣播生涯。

不過我有的時候會遲到，緊張到不行，那時就需要助理先幫忙放一首歌，等我匆匆趕到再接著主持節目。還有，當時主持節目通常都是連續兩個小時，因此，雖然錄音室裡面規定是不能吃東西的，但是我和助理們經常違規，在做節目的時候也吃吃喝喝的。

當時曾有歌迷到中廣的門口去等待我下節目，我不是在唱片宣傳期時，就不會有宣傳人員再跟著，心中還是滿開心有人在電台門口等待，到時候幫他們簽個名，合個影，也就滿足了歌迷的要求。那段日子還是很開心的。

一九九四年，一切盡在不言中。

二〇一六年一月三十日 Party，我跟哈林在對話中。

二〇一六年一月三十日 Party，哈林的留言。

黃舒駿

跟著陶姐創造了一個小時代

親愛的舒駿：

那天在聚會上提起當年你如何處理聽眾寫給你跟別人一模一樣的信，大家都笑了。我們一起回到了還沒有網路的時代，勾起了多少各自不同的回憶。

我一直記得你去當兵前曾給我打過一次電話，談到了你做音樂的初衷，並做了很深刻地反思，我聽了非常地感動。

就是在類似這樣的談話中，我看到一個音樂人對自己的認真和真誠。也是在類似這樣的時刻，我感恩自己能跟你結緣。

我也還記得你對我與世芳的同學們出版的台灣百大專輯的重視，我沒想到這本書後來對兩岸三地的音樂有著極深的影響呢！

曉清

二〇一六年一月三十日黃舒駿發言時，背景剛好是青春網的 Logo。

尊貴的進入了魔法學校　黃舒駿｜文

青春網是我人生第一個電台DJ工作。當時對我有兩個重大的意義：一是「尊貴」。當時廣播電台還是個戒備森嚴的「軍事要塞」，我相信當時的唱片歌手一定都印象深刻，那就是不管你去過幾次，有沒有紅，有多紅，每一次進電台就是一次的「刻骨銘心」，比過海關還令人「錐心刺骨」。櫃檯查驗你的證件，永遠用「有罪推定」的懷疑眼神看你，直到主持人走出來像救世主一樣帶你進去，否則你可能就會在門口等一輩子。所以對於我這個出道一年左右的菜鳥有機會變成電台主持人，大搖大擺地進出電台簡直是黃袍加身一樣的尊貴。二是「進了魔法學校」。雖然我靠個人興趣與努力聽西洋歌曲也聽了不少，自覺功力已經相當不錯，但進了青春網之後，碰到的所有同事個個更是武林高手，什麼沒聽過的歌都有人如數家珍，奇葩與怪傑一堆，令人讚歎！當時真的佩服陶姐是怎麼把這些人找到的？平時都在哪練功？總之，那時的青春網不只是「青春」，陶姐匯集當時一些在音樂上有熱情有功底的年輕人，傳播以西洋歌曲為氛圍而當時仍屬引領潮流的西洋流行文化，在台灣流行音樂工業正爆發式發展的年代，是無數人從業與學習的記憶。而用唱片歌手當DJ，更是嗅覺敏銳又令人耳目一新的創舉。歌手自覺upgrade，而聽眾聽到新鮮的聲音，很快就引爆廣播界。用「盛世的盛事」來形容當時的青春網，一點都不為過。

我加入的時間不算太長，幾個月之後就入伍服兵役了。但短短的時間已經累積純粹因主持廣播節目才開始「粉我」的眾多粉絲，有人甚至到服兵役時期還不斷寫信給我，說音樂，問生活，還有鼓勵我服完兵役要趕快「復出」……。但這個短暫卻永恆的主持經驗，讓我非常幸運的在那個波瀾壯闊的流行音樂時代，在廣播領域也能恭逢盛會。在究竟是時代創造人還是人創造時代的討論中，我覺得，是大時代創造了我們，而我們跟著陶姐創造了一個小時代，而這個小時代，卻是音樂的大時代，是讓當時一批年輕人後來的人生有大大不同的起點。感謝時代！感謝陶姐！

一九九四年的祝福。

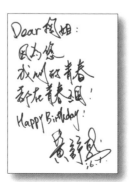

二〇一六年一月三十日 Party 黃舒駿的留言。

趙婷

在青春網打下好基礎

親愛的趙婷：

當妳到青春網主持節目的時候，我已經不是這個頻道的負責人了。不過我還在那裡主持了一小段時期的節目。所以我很感激妳願意為這本書寫稿子，讓我對我離開之後的青春網也有一些交代。

最初有出一本關於青春網的書的想法時，我本來還有些擔心的，因為如果按照廣播歷史的角度來看，我離開後青春網還存在了一段日子，如果要把完整的青春網歷史全部交代，非我能力所及，所以我後來就抱持著：就寫跟我相關的部分就好了的心情，來編寫這本書。所以能跟趙婷結緣，能收入末代企製方姚慎的文章，都是我自認為結的好緣。謝謝你們！

曉清

青春網時期的趙婷跟于婷。

誤打誤撞來到青春網，開啓我對音樂的視野

趙婷 | 文

在我有記憶以來，小時候成長跟遊戲的空間就是電台。那是一個仍然有愛國獎券跟軍人有獎儲蓄券的年代，也是許多學生在大學放榜時，為了想知道自己考上沒有，會去電台詢問的年代。當時家父在復興廣播電台擔任台長，小時候的我就住在電台，常常看到播音員阿姨們，拿著一個大保溫杯跟一疊資料報新聞，做節目，在那個小小錄音室中，帶給我許多的美好回憶。

學校畢業後有一個機緣進入中廣音樂網主持節目，當時音樂網節目大都是介紹古典音樂的，而我也像以前的播音員阿姨們一樣的抱著一堆資料跟CD做節目，雖然圓了我一個主持夢，但有時總覺得一個人做節目有點孤孤單單的。有一天機會來了，有一位製作人想在青春網做一個有關心靈成長的節目，但是青春網要求一週一定要做三天現場，而那位心靈成長的主持人就週二、週四錄音，由我來接一、三、五的現場。第一次到青春網這個環境我就被它吸引了，因為每位主持人都要自控自播，當時蔣國男（蔣爸）擔任我的老師，集訓我控音兩個禮拜就上場了。我記得我是主持八點的節目，蔣爸是七點的主持人，在我第一天上場時，他送了我一首歌〈A Whole New World〉。

在青春網主持節目，常常下了現場都捨不得離開，因為這裡就像一個大家庭一樣，很多的主持人、助理們，會在現場外的休息室聊音樂，彼此交流，我印象很深刻的是，于婷常常坐在外面的桌子上，隨著音樂擺動身體，下了節目還不捨離去。

當時青春網開放現場call in或點播歌曲，我們有一種卡匣是一首歌一個卡匣的，裡面錄的都是暢銷金曲，但是後來發現一些芭樂歌太常點播了，所以很多卡匣後來就不見了，成為了懸案。雖然我是很後期進入青春網的，雖然我沒看到我的偶像薛岳飄來湊湊熱鬧，但是在青春網短短的日子中，我學會了許多跟音樂有關的事，算前奏秒數、不亂壓歌、如何把說話跟音樂搭配好、聽不同類型的音樂、訪問的技巧……為我之後做節目打了一個好基礎，開啓了我對音樂的視野。

二○一六年一月三十日Party，我跟趙婷、陳美瑜。

他們也都參與青春網的歷史

虞戡平

二〇一六年一月三十日來參加聚會的人之中，虞戡平說了當年的故事，值得一記。大意是：「當時主持節目，我很在意有關環保的議題，在節目中也會談起。後來我發現我事前錄音的節目，在播出時竟然遭到剪接，有的議題被剪掉了，我非常生氣，就決定以後都要去做現場。沒想到這可能給陶曉清帶來很大的壓力，這個叫做《寧靜海》的節目，做了兩年，我就沒有再做下去了。」

虞戡平在青春網錄音室。

二〇一六年一月三十日 Party，虞戡平正在拿點心。

胡茵夢

跟虞戡平一起做同一個時段《寧靜海》節目的胡茵夢，她是唯一不需要
自己控機的主持人，並不是她沒來受訓，而是不論上過多少堂課，她還
是弄不清楚機器的控制是怎麼回事。於是為了留住她在青春網當主持
人，只有她是由助理幫忙控機的。她曾經在一次節目中提到意外死亡，
並針對那次事件中的亡者播放了安寧與安慰的音樂，好多人都很感動。
她說那段時間剛好面臨父親過世的傷痛，但是遇到跟整個人類世界相關
的大事時，她會付出更多的關注與情感，在深入探索後發現自己就是會
對人類的集體潛意識更感興趣的人，並接納了自己這個部分的與眾不
同。相信會有一些老聽眾記得她甜美磁性的聲音，在週六接近午夜的時
段，在樂曲之間，娓娓道來一些有關生命或是修養的話題吧。

年輕時的胡茵夢。

胡茵夢近照。

逝去的青春 ——紀念他們

生命的發展無人能預料，在這段日子中，青春網的 DJ 們有幾位已經去世了，但是我們沒有忘記他們。

Tim 在離開青春網之後就失聯了，決定寫這本書時，沒有立刻上網搜尋他，等到二○一五年十一月才知道他已經去世，所以我寫了紀念他的短文。

藍傑過世時青春網同事知道的不多，不過他的妹妹楊嘉寫了一篇非常動人的文章來紀念她。

薛岳是在青春網還正熱鬧時因病過世的，他主持的《週日現場節奏》節目，對台灣樂團的發展很有貢獻，所以我們用了較多的篇幅來談他。

我深深相信他們的身影會常留在我們心中。

我跟藍傑在世芳與孟朮的訂婚典禮上。

唯一的老外 DJ──Tim

我真的很遺憾，沒能更早一些找他，在網路上找到有關他的消息時，他已經去世了。青春網的大家在知道這個消息時都很震驚。

我起心動念想找回大家來寫這本書，是將近三年前我躺在病床上接受化療的時候，如果那時我就開始跟大家聯絡就好了，在我知道他去年十月因病去世的消息時，我有著深深地自責，同時不由得責怪自己沒有更早一些開始行動。不過前幾天還有位朋友說我簡直就是個行動派，有了想法一定馬上付諸行動，然後就看到我一件事一件事的完成了……。所以在自責的同時，我也相信在另一個世界的 Tim，在看到大家對他的追念之情，一定也會很安慰的吧！

Tim 的英文名字是 Timothy Cunnimham，他的中文名字是康漢廷。離開青春網之後，不知道什麼時候回到了美國的老家，之後去擔任了空服員，育有一兒一女的他，後來有一位相交超過十年的知心情人，因大腸癌而最後一次住院治療時，醫院的志工幫忙策劃了他們的婚禮，而他就在婚禮後沒多久離開了人世。

我在網路上讀到了這則消息，好感動！我希望他知道雖然在青春網我們只有短暫的幾年一起工作的時間，但做為唯一的一位老外同事──他真的是唯一的一位幾乎天天 on air 的老外，他得到了聽眾一致的認同與喜愛，他那一點都不標準，但是每個人都聽得懂的洋涇濱中文，也成了我們大家難忘的回憶。

我跟 Tim（左）。

那條黑色的喇叭褲——我的姐姐藍傑

楊嘉｜文

某年某月的某星期天，大清早就被樓下傳來一陣咿咿呀呀的叫聲吵醒，拽著還沒睡醒的身體，爬到半樓往下看，那是三姐拿著小歌本，跟著那台老式唱機，一句一句地學唱比吉斯（Bee Gees）合唱團的〈I.O.I.O.〉。星期天的早晨，沉睡的空氣中，歌聲分外響亮。

我們家六個姐妹，藍傑排行第三，前面兩位姐姐不特別愛讀書，念的都是私立高中，公立高中是完全沒份。在那個年代，能否考上公立高中，是子女是否有出息的指標。對女生來說，第一是北一女、第二是中山女高、第三是景美女中。

有鑑於上面姐姐的成績，大家對老三並沒有特別期望，反正還有私立高中可讀，結果她卻考上景美女中，我們家第一位能夠考上公立中學的人。那時我還在念小學，不太清楚學校的意義，只覺得那黃色的校服，要比那死綠的顏色好看得多。

前面兩位姐姐雖然不愛念書，不過吃喝玩樂倒很行，大姐從高三就在家裡開舞會了。從選定時間，布置舞池，排定歌曲順序，到採購點心飲料，總要花一個月以上的時間。好不容易到了那一天，我們後面三個小蘿蔔頭，套句現代的話——「兒童不宜」，於是早早就被趕到樓上房間，樓下是大人的世界。

客廳一頭沿著牆壁坐著一排男士，另一頭則坐著一排女士，頭頂的吊燈，被包上各色彩紙，燈光搖曳昏暗，兩位姐姐穿著新做的洋裝，高跟鞋踩著撒在地下的滑石粉，隨著音樂翩翩起舞。
奇怪，三姐在哪裡？

我們幾個小蘿蔔頭哪裡甘心被關在房間，早就擠在樓梯口往下瞧。仔細

一看，原來她在客廳邊上有窗櫺的石屏內放唱片，無論是華爾滋、布魯斯，還是阿哥哥舞步，都是以兩首歌為一段落，一路放下去。在我的記憶裡，她就是那個放唱片的人。

藍傑，很有自己的個性

在這樣的狀況下，會走上廣播這行，應該也是件不讓人意外的事。

高中畢業進入世新廣電科後，印象中的三姐就跟廣播結上因緣。我始終不知道她為什麼給自己取了個「藍傑」的藝名，只知道她以前的簽名是Jacklane，非常帥氣。無論是以學生為主的「幼獅電台」，或是「空軍電台」，或是日後的「民防電台」，只知道她逐漸有點小名氣，打電話到我家找她的人會問：「藍公館是嗎？」

當年三軍幼校招生，舉辦熱門音樂演唱會（當時的西洋歌曲統稱為熱門音樂）以利宣傳。這場熱門音樂演唱會邀請到當時許多演唱西洋歌曲的合唱團，主持人壓軸的是余光，前面則是由各電台的熱門音樂主持人輪流主持，其中就有藍傑。

她穿了一件上面印著圈形圖案的嫩黃色洋裝，臉上沒有化什麼妝，戴著一副黑邊近視眼鏡就上台。或許這已經是她的最佳打扮，不過和其他主持人比較起來，簡直就是土到不行，像是學校下課後直接走上台的學生。記得當時幼獅電台的孟加豔麗異常，耳朵上的大耳環金光閃閃，隨著合唱團的歌曲在舞台邊起舞，吸引全場的目光。我都快躲到椅

藍傑當年與楊嘉的合照。

子底下了，心想姐姐有點不稱頭，可是我看她也沒有多大感覺，高興得很。

不過，說她沒有外觀意識，好像也不對。以前流行大圓裙大口袋，或是線條合身的及膝洋裝，姐姐們出門就穿這些。但是記得有一次我們一起出門看電影，我在樓下等她們換衣服，結果三姐最早下樓，她穿了一件粉色的 T 恤，下面是一件黑色長褲，還是景美女中的制服長褲。

記得當時有點被嚇到，以為她怎麼這麼邋遢，但是仔細一看，褲襬兩邊加寬，竟然改成了一件時髦的喇叭褲。那時喇叭褲才剛流行，我只有在畫報上看過，沒想到我親眼看見的第一件喇叭褲，就出現在我家。

原來，她還是很有自己想法的。當時流行聽美軍電台 AFNT，最流行的 DJ Wolfman Jack，還有《American Top 40》等節目，都是她帶領我們一起聽的。等我上了大學後，她還動用一點私人關係，將我送進了她工作的廣播電台。同時囑咐我少說話，多聽歌。記憶中她很少這麼認真地對我說話。

《回到未來》深入介紹六〇年代老歌

進入青春網主持《回到未來》這個節目，以播放六〇年代老歌為主，是陶姐的主意。三姐藍傑雖然是我們家的一匹黑馬，但是後來學校畢業，開始正式就業後，就已經遠離了這項興趣。不過《回到未來》的節目內容，與以前她最喜歡的美軍電台老歌節目《Time Machines》相仿，對她來說還真是駕輕就熟。那段時間，看見她到處收集老歌，最讓我訝異的是，她竟然連樂團 It's A Beautiful Day 的迷幻經典〈White Bird〉都找到了，當年 CD 雖然已經很流行，可是要找這樣的老歌，還是得要深挖才行。

《回到未來》同時還邀請馬世芳在節目中開闢一個單元，主講藍調與搖滾，算是他的入門之作。有時看到馬世芳文章內說起他與我三姐的這段

廣播歷史，總會讓我想起他娘對我的提攜之情，我們都非刻意為之，但是事情竟然發展得如此奇妙有趣。

可惜命運之手彈奏了幾段美妙的和絃後，便戛然而止。二○○五年，三姐因病過世，享年五十四歲。

那年我駐守北京，早上飛到香港開會，手機掉在從機場到公司的計程車上。在這之前，我的手機從來沒有遺失過，因為手機是我的工作命脈，一定隨身放置，但是那天卻鬼使神差地遺落在車上。到公司後，除了打電話回北京外，就打電話給二姐，平時我從來沒有隨時報告行蹤的好習慣，所以她們經常不知道我在哪裡，這次因為遺失手機，還是打回去以防她們找不到我。我萬萬沒有想到，冥冥中的安排，竟是如此無情，就算我急忙買票趕回台灣，還是連再見都來不及說。

或許，在另一個地方，她會穿著那條黑色長褲，拿著小歌本，繼續〈I.O.I.O.〉，或是兩首兩首的老歌舞曲，一路放下去吧！

一九九四年我退休時藍傑給我的留言，十分有創意。

追憶薛老岳

我跟老岳的交情還眞的不是一點點。

早些年，許多民歌手對自己在舞台上只是彈吉他唱歌，最多說說笑話的演出方式，慢慢地感覺不夠，有些人提出能否找到教表演的老師，讓他們的表演更豐富。

我跟當時蘭陵劇坊的兩位導演卓明、金士傑談起這個構想，他們都很樂意幫忙，因此我們開始了歌手成長班的課程。

卓明在去紐約遊學半年回來後，問我有沒有好的搖滾歌手可以推薦給他，因爲他想要用小劇場的方式，做個搖滾音樂劇。我就把剛剛訪問過的兩位符合他要求的歌手的唱片拿給他聽，一張是吳大衛的〈擁抱著我〉，一張就是薛岳的〈機場〉。

薛岳與卓明。

薛岳與蘇來。

從歌手成長班到邀約主持節目

《機場》是薛岳的第二張專輯的標題，雖然歌紅，人也紅了，但是薛岳的長髮和倔脾氣，讓他很不容易上電視打歌，他堅持不剪頭髮，又堅持一定要全體幻眼合唱團一起上節目。

最近韓賢光在他的書《白搖滾》中，把那一段故事描述得很清楚，這一群人從那時起就建立了深厚的革命情感，一直到今日。

卓明跟薛岳見面談過後，選擇了薛岳，他說對於未來想要做的小劇場的演出，薛岳的聲音更符合他的理想。於是開始了一對一的課程。幾個月後，我明顯地看到了薛岳的改變，他說在跟卓明學習的過程中，讀書、看戲、討論、肢體訓練，他的身心都跟以前不一樣了。

對我來說，能親眼見證到一個人可以從氣質上改變，是很讓我驚訝的，我一方面很佩服他們，一方面也非常好奇到底發生了什麼事？

很多年之後我才慢慢地懂得了這個道理──沒有人可能要求任何一個人改變，除非那個人自己決定要改變。

後來我和卓明繼續舉辦歌手成長班，薛岳也是這個班固定的成員。因為他老是喜歡在眾歌手相聚時倚老賣老，就得了個薛老岳的稱號！

當我接到要籌備青春網的任務

歌手 DJ 在仁愛路中廣公司前噴水池合照，右起周華健、蘇來、黃韻玲、薛岳。

後，除了要找許多 DJ 來一起工作外，我也希望能有一群歌手 DJ 來主持節目。青春網開播時主持每日節目的有鄭華娟、蘇來。另外有幾位輪流主持《午安陽光》節目的歌手是：庾澄慶、周華健、黃韻玲、薛岳、楊黎蘇。

午安陽光節目告一段落後，哈林繼續主持週末假日的《誰來晚餐》節目，薛岳主持《週日現場節奏》。

《週日現場節奏》

這個節目每個月有兩次樂團現場演唱會，另外的時間他在錄音室放音樂。現場演唱會的直播，每一次兩小時的節目，通常邀約四個樂團，其中兩個是比較知名的團體，另外兩個團體留給新人。當時的構想是，台灣流行音樂界，許多出色的製作人、創作人，好多人之前都參加過樂團，一個新團體要練習足夠的時間才能上台演出半小時，所以這是鼓勵喜歡流行音樂的年輕人磨練玩團的好機會。

薛岳自己在年輕時曾經去日本東京的一家 Live House 演出過，他一直津津樂道此事，在語言完全不通的情況下，他去東京，找了〈機場〉的作詞人許乃勝幫忙，進到一家家 Live House 去推銷自己的樂團，終於有一家願意跟他簽約，於是他們就這樣去演出了一場。

對他來說，樂團是音樂的靈魂，難怪他一直堅持出唱片做宣傳時，整團的人都要一起出席，也不管人家錄音室座位夠不夠，或是錄影時會要製作單位多出好幾份錄影費。

為了這個節目有著如此重大的願景，我跟青春網的同事們決定大力支持。我們在寫出了漂亮的企畫書之後，多方聯絡，到處送案子，最後找到了可口可樂公司贊助一整年的廣告，還留下了簽訂合約的歷史鏡頭。

簽約時中廣由李志成代表，我、賈志筠、薛岳也都在場。

週日現場節奏演唱會首次演出時，我、賈志筠與客戶代表。

這個節目因為需要舞台，所以開始時場地是使用台北市區的 Live House，我們也跟幾個可能的場地談妥了合作方案。

這個階段公司成音組的同仁較為辛苦，因為每次都要搬器材去不同的場地使用。加上因為參加聽眾人數難以控制，而產生了跟場地管理人之間的誤會，導致每次幾乎都會有一些糾紛。後來轉到中廣音樂廳去舉行，工作就變得單純多了。這個小小的可以容納兩百人左右的場地，竟然相當適合這樣的活動，於是我們也就一直在中廣音樂廳舉行現場立即播出的節目了。

我與賈志筠在薛岳《生老病死》專輯記者會上合影。

除了主動邀請已經成名的團體參加節目的現場演唱，我們一直非常注重介紹新的樂團。關於新團體的來源有兩個方向，一是透過節目請他們報名，另外是請已經組團的朋友推薦。然後我們會跟他們約好時間去聽他們的練習。要演出半小時，至少要演唱五、六首歌。我跟薛岳與企製小組的同事，還真的去過一些地方聽一些新的團體練歌，有些團立刻得到了邀請，不久之後就來上節目了，也有些團被我們拒絕了，告訴他們還要繼續努力。

薛岳是在一九八九年在北京協和醫院發現自己肝臟腫大，那時我跟楊嘉與他一起初次去中國。回台灣後去檢查，他發現自己得了肝癌，當時他一方面積極地進行各種治療，一方面也為自己的身後事在安排著。

他先是出版了《生老病死》的專輯，這張楊嘉精心策劃的專輯，可以說是薛岳所有專輯中最精彩的一張。

他又在一九九〇年九月在國父紀念館舉行了灼熱的生命演唱會，用盡力氣的燃燒自己，完成使命。

他最後一次在中廣音樂廳主持《週日現場節奏》時，現場來了好多聽眾與記者，在台上唱著〈如果還有明天〉這首歌曲時，大家哭成一團！

薛岳在一九九〇年十一月七日離開人世，至今已經二十六年！

一九八九年十一月，薛岳、楊嘉與我在北京參加唱片展。

紀念日

薛岳去世週年，青春網的朋友聚集在他最喜歡的海邊紀念他，
這是我當年寫的文章，裡面描述的就是當時的狀況。

天好的讓人忌妒，太陽曬在身上暖暖的，藍天上飄著白雲，海風吹過來
極舒服。

我們大大小小二十多個人，聚集在這一角你從前最喜歡的海邊，在你去
世兩週年的紀念日，想念你。

羅賓不但結了婚，而且當了爸爸，他帶著妻子女兒一起，不停地在訴說
他的爸爸經。你一定想不到吧！以前你們兩個是見面就打屁，成天比誰
的女朋友漂亮！今天我聽見他說：「老岳，我們在兩年之間都兒女成群
了！」

蘇來一下子被韓賢光的兒子、許景淳的兒子纏住，我替他們拍了好幾張
照片。一個大男人跟兩個小男生玩的難分難解。他說他此生不一定要成
家生子，「玩別人的小孩比較有趣，煩了就可以叫他爸爸媽媽來帶走！」
可不是？自己的孩子就沒那麼便宜了，怎麼都得管著！

楊嘉正追著她的寶貝狗蘇
西，這位狗寶寶可是嬌生
慣養，出去散步回來要擦
腳，吃了東西要擦嘴，上
了廁所還要擦屁股的呢！
蘇西的重要性是絕不在
「兒女」之下！當其他的
人可以攜兒帶女的來看你
的時候，薛岳，楊嘉當然
要帶著她的蘇西狗狗。

我抱著才出生沒多久的 Robin 的大女兒 Kiki。

我們去海邊紀念薛岳。

右起傅仕倫與他友人、愛亞、姚黛瑋、我、韓賢光。

看著蘇西和小朋友們在陽光下追逐奔跑，其他的你的好朋友們或坐或站，有的談天，有的獨自面對大海，我深深地感動著。

記得你得知自己的病已無法痊癒時，曾告訴許多你的朋友說，你這輩子什麼都沒有，只有朋友！而我們這些人，這些被你稱做「朋友」的人，並沒有辜負你的友誼。那天，在醫生正式告訴你，得的是肝癌的那天，你告訴了家棟和我，然後你說你和家棟要到你喜歡的海邊去，我說我也想去，可是你不許我去。你說：「就讓我們兩個男生去吧！你去了我哭得更凶。」我是在淚眼中望著你們離開的。後來你告訴我，你希望以後可以把你的骨灰撒在那片海。「家棟會帶你去的，他知道地方。」

第一次來，是你走後不久，一夥人四、五十個，我們丟了好多花環在海裡，代替你的骨灰。你沒有要求你的親人答應你把骨灰撒在海上，我們因此無法實踐這個承諾。

海邊有人在潛水，顯眼的潛水衣下，看不出是男還是女。我想起我們在美國巡迴演唱後，到夏威夷度假的那一次。你和樂隊的團員好幾個人打算游過一片淺灘，到靠近外海的岩石邊看魚，大家的興致都很高，我站在岸邊看你們游，一會兒工夫就看不見你們了。我有些著急，極目望去，確實看不見人影，過一陣子才在遠遠的岩石邊，看見你們跟我揮手。原來你們約好了嚇我一跳。

其實，我多麼希望看到你站在遠遠的岩石上跟我招手，就像當年一樣。蘇來買了紅色和白色的玫瑰花。愛亞說快十二點了。可不是？我們在海邊坐了快一個半小時了，竟然沒有人覺得有那麼久了。我們每人分到三朵花，走到沿岸的邊緣，本想把花瓣扯下來拋進海裡，但風向不對，只好把整朵花丟下海去。大家夥兒看著別人丟，也看著自己丟，有人拍照，有人叫孩子小心點別掉下去了！

我很開心，因為大家都好像來度假似的，沒有人傷心哭泣，這不就是你

希望的嗎？薛岳，你交代我替你籌劃的紀念儀式上，是不可以有眼淚的，大家只能想你、談你、放著你最愛的融合爵士樂。今天，家棟是帶了你愛的 CD 來的，只可惜沒辦法接電，音樂，只好各自在我們心中迴盪了。

離開之前，我再看了一眼這個海邊。其實，它和其他的海邊相比，並沒有什麼不同、特別的地方，是在你極不快樂的童年，曾全家一起到這裡來玩過一次，這是你第一次感受到「家的溫暖」的地方。

我們會再來看你的。你會常常在我們的心中。再見！我們的好朋友！

是的，永遠停留在三十六歲的薛老岳，我們會記得一起在青春網時留下的共同記憶！

1	2
3	

1 賈志筠與 Robin 在紀念薛岳的熱門音樂演唱會中合影，穿著印有薛岳頭像的 T-shirt。
2 王子敬（左）與廖國麟。
3 前排右起：于婷、王子敬、賈志筠、李方、藍傑，後排右起：王中芳、鄭開來、Tim、Robin、鄭華娟、楊嘉與我。

青春網 DJ 公約

（一）依合約所定，無條件接受公司之工作分配及時段安排，若有異動，需於半個月前通知當事人。

（二）每位 DJ 均須在節目播出前十五分鐘抵達公司播音現場，不得延誤。

（三）接班 DJ 未到之前，現任 DJ 不可逕行離去，以免節目中斷。

（四）DJ 於節目表簽名請簽本名，以示負責。

（五）DAILY DJ 須按公司規定之歌曲播放比例播歌，未按比例播出者，第一次口頭警告，第二次書面警告，第三次約談議處。

（六）請按流程表使用插播及單元，節目中舉行任何活動或單元均請告知。

（七）DJ 請假，請填請假單，並覓妥代班人選，代班者必須為公司內部任用之 DJ，代班者之酬勞，按合約規定支付。

（八）節目人員無故不到班或嚴重遲到致使節目中斷者，第一次扣一週酬勞，第二次扣半個月酬勞，第三次視同自動解約，並按合約規定，需負賠償責任。

（九）播音室內嚴禁吸菸及含酒精之飲料，並注意飲料不可放置機器旁，以防傾倒。

（十）公司之唱片 CD 及匣帶等資料，用畢請自行或由助理歸回原位。

（十一）每月至少召開一次檢討會，每位 DJ 均需出席。有特殊事由者，得事先請假。

（十二）非公司策略或同意之狀況下，不可利用節目替自己或他人進行商業性宣傳，經三次口頭警告無效者，約談議處。

（十三）受訪特別來賓，應請助理於白天上班時間內，填寫會客單，辦妥會客手續，方可進入播音室。

（十四）除少數特別節目或單元可錄音播出外，其他均須視現場立即播出。

（十五）錄音播出之節目帶，請載明節目內容、播出時間、時間長短及注意事項，

　　　　　　　　　錄音時，錄下 AIR CHECK 以利監聽工作，並請自行填寫節目進行表。

（十六）開放電話點播如有特殊話題或遊戲規則，應於事前明白告知，對於聽眾點播歌曲的要求，不宜過分主觀苛求。

（十七）利用公司電話做越洋訪問者，應登記日期事件、姓名，以利作業。

（十八）輪流擔任聽歌小組之工作，每週一次，每次兩小時，以月為計算單位以便建立青春網 DAILY 節目之統一音樂風格。

（十九）向資料中心借用有聲資料，請按本公司國內部唱片及磁帶管理辦法規定辦理之。

（二十）CD、唱片、CART 等資料，不可帶出八控，若需借出至九控錄音或監聽時必須向企製小組（17：00 前）或值班助理（17：00 後）登記，以利清點作業。

DJ 們是青春網最重要的一群工作人員，我們的節目分成 Daily 與 Weekly，週一到週五的主持人在播歌的時候，必須要按照比例播歌，但是週六與週日的主持人基於節目風格各異，可以完全不管歌曲比例。所有的主持人都必須要遵守下面的這份公約，現在看起來，我們當時還真的有著很不錯的規定呢。

青春網現場節目規則

（一）每四小時不重覆播相同的歌曲（核檢前一位 DJ 所播的歌單）。

（二）除非是特別單元介紹，每個節目內不播同一藝人的歌曲兩次。

（三）利用歌曲尾奏及前奏說話以達緊湊之效果，如有較長之話題，亦選用合適之 MUSIC BED 墊底。

（四）STATION ID、JINGLE 宜每小時播出兩次，並呼台聲，介紹自己及節目名稱。

（五）報時，每小時不超過兩次。

（六）不把壞情緒帶入節目，不以負面的態度談論話題。

（七）盡量不用卡帶，多用 CART、CD 及唱片。

（八）如有報錯歌曲或說錯話時，不需再強調所犯之錯誤。

（九）隨時準備好 STAND BY 的音樂，唱片最宜應付突發狀況。

（十）使用 CART 之後，應確定已 FF 到起點，以免造成其他人的錯誤或不便。

（十一）歸好 CUE 點的 CART 請立刻抽離機器，以免機器熱度減損 CART 的壽命。

（十二）有別人名字的 CART 請勿使用。

（十三）SONG MIX 的基本方法：

    （1）FADE IN，FADE OUT———面說話，一面進行這種接歌方式。

    （2）FAST FADE——不說話只接歌時使用。

（十四）現場節目應做好事前準備工作，話題宜精簡有力，避免瑣碎冗長。

（十五）節目前後新聞時間，請叮囑助理清洗磁頭。

（十六）廣告要準時播出。

（十七）廣告之前不說任何話。

（十八）聽眾電話點播，除少數可掌握之特定對象外，以錄音過濾後再播出為宜。

（十九）錄電話前，請先檢查所有儀表、音量，對線路有雜訊或音量太小的電話可由 DJ 婉言告知聽眾，不予播出，以確保播出品質。

（二十）錄電話前，先將控制室內的 MONITOR 音量調低，再進行錄音以免干擾。

（二十一）每個節目可依狀況開放點播時間，請慎選電話，以意義特殊、愉悅者播出。

（二十二）請依公司指定播出宣傳 CART 或宣傳插播稿，讀稿宜順暢自然，事前詳細閱稿。

（二十三）隨時注意播出音量，及音質的控制。

（二十四）錄音單元或節目，注意剪接技巧。

（二十五）播放盤帶時若發現只有單軌播出狀，請立刻將控制台左上方之 STEREO/MONO 開關撥至 MONO 即可繼續播出。

因為基本上青春網希望節目能盡量做現場直播，所以除了人員必須要遵守的規定之外，節目要怎麼做也有一些規範。現在看這些條列清楚的文字，相信對在現場工作的 DJ 們非常有幫助。

青春網 DJ 所有節目單

陶曉清　《1416 下午茶》、《排行榜》、《心情氣象台》

龔懷主（Robin）　《夜貓子》、《直到天明》、《沒有約會的晚上》、《新鮮派》

朱衛茵　《午安陽光》、《城市週末夜》、《夜貓子》

李方　《飛行天線》

林致怡（方致怡）　《露天咖啡座》、《飛行天線》

鄭華娟　《音樂盒》、《夜貓子》

鄭開來　《輕鬆時間》、《熱門圈》、《大夜班》、《新鮮派》、《節拍 110》、《夜貓子》

袁永興　《新鮮派》、《露天咖啡座》、《大夜班》

王海玲　《新鮮派》、《午安陽光》、《露天咖啡座》、《零點十分》、《夜行者》

賴佩霞　《輕鬆時間》、《誰來晚餐》、《零點十分》、《大夜班》

蔣國男　《鄉村音樂》、《鄉村路》、《夜貓子》、《大夜班》

于婷　《音樂貴族》、《早班車》、《換日線》、《夜貓子》、《沒有約會的晚上》、《大夜班》

周易　《大夜班》

陳美瑜　《八點檔》

程港輝　《新音樂》

蘇來　《沒有約會的晚上》、《露天咖啡座》、《夜貓子》

周華健　《午安陽光》

黃韻玲　《午安陽光》

賴聲川　《即興的靈感》

庾澄慶　《午安陽光》、《誰來晚餐》

黃舒駿　《新鮮派》

趙婷　《八點有約》

虞戡平　《寧靜海》

胡茵夢　《寧靜海》

Tim　《音樂盒》、《直到天明》、《夜貓子》、《夜行者》

藍傑　《回到未來》

薛岳　《午安陽光》、《新鮮派》、《週日現場節奏》

凌威　《熱門圈》

楊嘉　《強力放送》

賈志筠　《週末狂熱》、《1416下午茶》、《立體時空》、《音樂貴族》

趙偉娟　《新鮮派》

鍾大澐　《新鮮派》

Part 3__ 青春網
的幕後工作人員

任何團隊都不能缺少幕後工作者，青春網就有著強大的幕後人員，

其中企畫製作小組一直有五個人，每個星期都要開會討論節目的事；

現場播出的節目助理是不可或缺的，青春網也有著最強的助理群；

在這些人之中還有大家都不能缺少的同事，

就是負責管理經費與購買最新唱片的工作人員。

就是他們在幕後強大的支持力量，

加上麥克風前亮麗卓越的主持群，

造就了青春網雖然短暫卻又是如此動人的歷史！

青春網的幕後工作人員

List

企製人員	青春網助理	行政人員
趙一豪	朱凱	梁經博
趙偉娟	程懷昌	
林苹芳	陳修維	
陸芝茜		
鄧文娟		
廖國麟		
傅仕倫		
楊淑娟		
吳建恆		
方姚愼		

企製小組與青春網助理

在青春網，除了在麥克風前面閃閃發亮的主持人之外，有一群幕後工作人員，是非常重要的，就是企畫製作小組，我們簡稱之爲企製小組。

第一批企製有五個人：趙一豪、馬奎元、賴進一、趙偉娟、李重周。其中趙偉娟是藝專廣電科畢業，是馬國光推薦的，前面三位後來我才知道，全是凌威推薦的，李重周我就不記得是誰帶進來的了。

在大家都沒有概念的情況下，我們都有一些想法，好像理念上都知道這個小組就是要來支援主持人的，但實際上是要怎麼做，卻並沒有共識。是在經過許多次的會議，並在會議中不斷討論，又經過跟主持人互相研究，才逐漸形成了後來的工作模式。

企製小組的成員也換過不少人，這個工作薪水不高，但工作繁瑣，若不是因爲對音樂的熱情，大概不太能留住人才。在企製小組工作中，有一個監聽的工作是最麻煩的。每位同仁都必須負責幾個節目的監控，他們只需要聽主持人說話，不需要聽整個的節目，所以節目播出時有一台專門錄主持人說話的卡式機，麥克風一打開，機器就開始錄音，值班助理的工作之一就是要給每一個節目錄音。這個卡帶是專門用來品管的，它有個專業名字叫做 air check。

負責的企製必須要在聽過後在每週一次的會議上提出報告。主持人跟負責他們節目的企製，通常關係都很不錯，這樣大家才能互相支持，把節目做好。

看到青春網曾經擔任過助理的名單時，我真的嚇了一大跳，我們的助理人數之多，超過我的想像。好多人的名字我都不記得了，後來在聚會上問了大家，說起這個人的暱稱是什麼，那個人的英文名字又是什麼，這下子我腦中浮現出了許多人的影像。助理是青春網最年輕、有活力的一群人。他們有許多人是由之前已經在青春網工作的助理介紹來的，也有人是從聽眾轉而成為助理的。

助理的薪資論時計酬，我現在已經不記得我們的助理一個小時可以拿多少錢了，可能比一般工讀生稍微多一點點而已吧。即使薪水不豐，但是我看到我們的助理們都是這麼熱愛他們的工作，他們在輪班的情況之下，非常熱情地跟主持人密切的合作。

我們的助理都好能幹喔，他們必須要非常地清楚記得哪一個匣式帶大致放在哪一個方位，當有聽眾點播歌曲的時候，他們也要很快地找出正確的匣式帶或者是 CD 交給主持人，好播出這些歌曲。助理的工作除了接聽點播電話、幫主持人找歌，還要在節目單上填寫節目播出的所有歌曲，主持人只要在上面簽名就好。助理還必須要在節目之前，用工業酒精沾棉花清理錄音機的磁頭，還要把錄 air check 的卡帶確實地記錄下節目名稱並放進錄音機中，為了品質管制，他們都必須要把這一點確實做到。在我的記憶中，似乎從來沒有人忘記這件事情的。

助理的工作雖然講起來很繁瑣，但是對於主持人來說，確實是非常有幫助的。現在想起來，還真是覺得整個青春網能夠有那麼好的風評，助理實在是非常重要的一環。

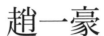

趙一豪

做企畫也玩團

早期的企製小組中，趙一豪是令我印象深刻的。並不是他的座位就在我的邊上的緣故，而是因為我們那時就知道他在玩團，而且他上台時臉上會圖畫一些臉譜，就有些像廟會中的乩童一般，神靈上了身，馬上人就不一樣了。趙一豪就是這樣的，平時跟他說話，有時他還會結巴，但一上了舞台，他就是另外的一個人了。

我收到大家給我的文稿中，只有他是用手寫的，而且規規矩矩地裝在信封裡。只是他的直行中文書寫是由左往右……

曉清

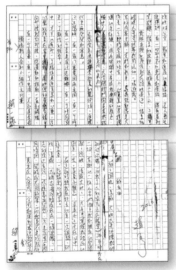

趙一豪的手寫稿，他也是少數準時交稿的人。

趙一豪（右）與 Robin、彭安文、林萆芳合影。

首批新人企製小組作文比賽　趙一豪｜文

有一個青春，有一個電波，不知道會飛向哪裡射向哪裡，從滑動到扭轉一直到觸碰，心靈的聲音在空中擴散，在如何的層疊交錯之中，才可以有那一個緣分走進耳朵和心靈，這是一個很難得的頻率。

有一個青春或許還稚嫩，有一個時間或許還隱晦，有一扇門窗要開而未開，有一個時代充滿啓發和寓意。

還感受到廣播樓旁初夏的籃球場，廣播樓中滲出與外頭截然不同的氣息，大堂櫃檯門衛看清我破爛的牛仔褲，因為破爛中看清我內褲的顏色，像是一個即將交換的時空，小心翼翼地選擇播出的內容、手稿、資料和歌單，蠢蠢欲動像是大姐姐、大哥哥們帶我們玩的一場遊戲。

我的座位就在陶姐旁邊，很多的資料櫃、很多的文件，還好有一、二、三樓可供彈跳。有一些繁瑣的簽呈和層級，我看到陶姐對公文、報告和進度的情緒。讓人感受到體制內外、想法、翻修和前進的異動、有趣。

其實在人體內，公司和體質或許都會在不同時間發酵成不同的聲響，而我並不是巧言令色的陳述言詞，吹捧甚或發想，只是有幸與陶姐、凌威大哥同時存在在一場遊戲、一段青春、一段精彩的時空。

在這段時期我有許多的第一次體驗，就像第一次，青春永難忘，青春永遠會在心中，謝謝陶姐、凌威帶領我經歷的一切，有趣的一段人生。（一九八八年我和朋友的樂團Double X巡迴，而我個人的唱片正遭禁中）而當時我在中廣青春網，謝謝陶姐、凌威帶給我們的自由。

二〇一六年一月三十日 Party，趙一豪與我擁抱。

趙偉娟

企製小組唯一的兼任主持人

趙偉娟也是第一批的企製小組，是五人中唯一的女生。也是企製小組
中唯一兼任的主持人。偉娟在我的印象中一直是較安靜的女孩，離開
青春網之後，她曾經去新加坡的電台工作過幾年，我還去那裡看過
她。

曉清

青春網舉辦推愛活動時，趙
偉娟與我在中正紀念堂合照。

無可取代的回憶 趙偉娟｜文

回想二十幾年前，當時的我剛從國立藝專（現今之台藝大）畢業，我想應該是憑著在台北電台（在圓山）實習兩年的經驗和班導師馬國光馬老師的推薦，生頗逢時，適逢中廣當時正要實驗性地成立全台首個以中文介紹西洋音樂的Format Radio音樂頻道——「青春網BCC AM Stereo」，因而很幸運地進入青春網，成為青春網第一代企製小組的成員，同時擔任週末《新鮮派》節目DJ——因此展開了我的廣播生涯，也是之後長達二十年與西洋音樂和廣播結下不解之緣的起點。

猶記青春網成立之初，在中廣當時那麼嚴肅有規律的環境下，青春網的我們簡直成了異類，當時第一代企製小組成員是趙一豪（Sissy）、馬奎元、賴進一、李重周和我，五位企製；留長髮的（賴進一）；燙頭髮的——而且是一頭蓬鬆亂髮的（馬奎元）；衣著特立獨行，可能牛仔褲有很大破洞的（Sissy），套句我們當時經常拿來開玩笑的一句話來形容就是：「要有多不稱頭就有多不稱頭！」但這也許就是青春網這麼不一樣的緣故，因為我們很搖滾，很龐克。

就這樣，在陶姐、賈姐的帶領下，我們學會了如何製作 Format Radio，但更為豐富，除了call in、國外藝人訪問、特殊單元、空中 (on air)活動；更進一步，青春網舉辦現場演唱會和舞會，這在台灣的廣播史，絕對是空前絕後的。

然而，因為是實驗性的頻道，青春網也面臨一個問題：AM Stereo無法像 FM 有那麼好的音質；而音樂頻道最需要的，正是好音質，所以後來青春網漸漸轉型又成了談話性為主的頻道，但那曾有的活潑歲月，青春無限，讓青春網成了當時台灣最前衛的頻道——我們的音樂風格多元，主持人擁有獨特的個人風格，而這一切都是現今音樂頻道的始祖，如果你跟我一樣，還是廣播的忠實支持者，那麼你一定要來認識這個曾經在廣播史上數一數二的前衛電台——青春網。

二〇一六年一月三十日 Party 時，偉娟上台致詞。

林苹芳

唱片公司與媒體溝通的橋梁

　　林苹芳的個子小小的，但是誰也不能小看她，在所有青春網曾經任職過的企製小組人員中，她是最有能量的一位。常常聽見她以她獨特的聲線掌控著一些突發的狀況，然後大家也都願意聽她指揮，沒多久事情就解決了。

　　我還記得當時賈志筠帶著她那時還沒上小學的女兒安安來到青春網的辦公室，後來安安就一直稱呼苹芳為「低低阿姨」，因為小孩子的眼中就是看到了較低的視線。

　　苹芳結婚的時候幾乎所有的青春網都出動了，她的人緣又極好，一直到今天，她還是青春網聚會時不可或缺的核心人物。

曉清

賈志筠的女兒安安跟低低阿姨林苹芳在澎湖合影。

企製小組跟我在辦公室，苹芳還在接聽那支有名的電話分機 378。

青春網的快樂時光　林芊芳｜文

青春網企製小組是我第一份工作，我是在一九八九年十一月一日到任的，這也是我最快樂的工作時光。

記得是在收聽廣播時，聽到了中廣青春網在徵求企畫製作（企製）小組的成員，念世新廣播的我才剛畢業，心想硬著頭皮試試看。

當時的企製小組組長是賈志筠，也是賈姐面試我進青春網的。我以一封當時最紅的電影《恐怖分子》當封面自製履歷表，我用了牛皮紙書寫，封面上還大大滴了一滴紅顏料像血跡，滴在履歷表上頭，老實說挺作怪的。賈姐可能看了《恐怖分子》介紹，覺得我應該是個怪咖才找我去聊聊，我才有機會進入青春網的。

企製小組負責的工作項目到我們這一代，已經是分工相當清楚詳細的。我的工作內容主要是和唱片公司聯繫音樂素材和活動，以及將青春網發生的節目內容和主持人信息做公關發稿。因為這樣的工作內容，因此和媒體朋友和唱片公司朋友有較多的接觸和聯繫，也交了很多工作上的好朋友。當時跑廣播線的媒體朋友第一次造訪中廣，我都會帶他們到中廣快速繞一圈，儼然是個中廣小導遊呢。我在推我們青春網一位女主持人時，一位從社會版轉跑廣播綜藝的記者，還提醒我：「妳提供的照片最好有乳溝，有露一點版面會比較大喔。」後來那篇稿子見報後文字大概不到兩百五十字，但我們主持人小露香肩的那張照片幾乎占了報紙版面四分之一。

在中廣，青春網企製小組很容易辨認──穿得最怪，最不按牌理出牌的就是我們了。我們這群特約人員每天十一點上班（忘了幾點下班了？）。男生有的長髮及肩，穿破褲，薪水不高（不及現在所謂的22K），每次進中廣大門，我們這群企製臉上永遠掛滿笑容，真心熱愛這份工作。

我的工作職責需要負責將青春網的消息發布給報社、《廣播月刊》和《世界電影》雜誌社，這段發稿的日子讓我學習很多，除了不斷找尋發稿題材，也讓我學習熟悉媒體環境的需求以及行銷的重要性。

一直到現在，我因為工作偶爾有機會到現在中廣的松江路新大樓，也還會見到二十多年前開始工作的舊警衛，我們還會打招呼呢……在青春網工作兩年半，我要特別感謝陶姐、賈姐，因為妳們，讓我的年輕歲月，有我最美好的工作回憶。

陸芝茜

企製小組不可或缺的幫手

陸芝茜是青春網企製小組之一，她嫁到英國去之後，跟大家的聯絡就少了。最近跟她見面，是在二○一六年七月去倫敦大學亞非學院演說，透過line告訴她，我們彼此都興奮得很，相約一起去玩耍。這次我們在倫敦低估了氣溫，帶的是很薄的夏天外套，若不是她借給我毛衣穿，我肯定會感冒的！可惜這次沒能見到她的先生，也謝謝她特別從郊區住處搭一個多小時的火車來聽我的演說。

曉清

陸芝茜與我在一次活動中，當成休息室的大巴士前合照。那次印製了兩種不同顏色 Logo 的 T 恤衫。

那些個⋯⋯的日子　　陸芝茜｜文

拾掇過往，記憶中的青春年少，從小學習鋼琴並參加校內校外合唱團的我，自小幾乎都浸淫在音樂的世界裡。後來還在主持人凌威的引薦下，成為素有「民歌之母」稱謂的總監陶曉清所領導的「中廣青春網」的創始成員之一員。

「青春網」是當時「中國廣播公司」第一個運用匣式盤帶機錄製匣式帶，提供主持人以自控自播的方式，讓聽眾打電話叩應與主持人現場互動的電台頻道。

草創時期，總監陶曉清陶姐擬定了「青春網」的大方針，並請企製小組研擬後續規章，邀請美籍人士Richard Calder擔任藝術指導。而我這位從未見過廣播電台長什麼樣，無所適從的菜鳥，也在陶曉清及藝術指導的訓練下，開始了如何操作廣播電台的機器設備之路，並且也正式開啓了我生平第一次與外國人共事的經驗。例如：「青春網」頻道內所需之台呼、片頭、廣告音樂的匣式帶的製作，皆在藝術指導的幫忙下負責完成。我的其他工作內容，還包括：盤帶剪接，將新進之唱片、CD、盤帶，依特定的順序建檔，並排放置到播音室特定的架子上，提供主持人播放等等。

那些個白天與唱片公司密切溝通交流合作協助藝人宣傳的日子。
那些個協助安排戶外大型演唱會與藝人接觸的歡樂畫面。
那些個協助主持人分秒必爭地搶播最新舞曲或西洋音樂單曲的週末狂歡夜。
那些個在拿到唱片公司給的免費公關票後跑去中泰賓館樓下賣票的日子。
那些個不管是聽搖滾樂叛逆的日子或聽抒情歌曲感動瞬間飆淚的日子。
那些個青春飛揚在「青春網」度過的日子，也在在奠定了我日後不管是在做人處事、與人共事，乃至於定居英國時與不同種族文化的人、事、物接觸時，都盡量做到相互理解、寬容及尊重。

陸芝茜與我二〇一六年夏天在英國。

回溯過往，收集歷史，點滴在心頭。非常感激陶姐及所有主持人當年對我這位菜鳥的信任及提拔。人生幾何能有幸在「中廣青春網」與音樂人同歡共樂，我深感榮幸與有榮焉。

鄧文娟

能幹有承擔力的企製人

鄧文娟是企製小組人員中，相當能幹並有著承擔能力的人。她是在革芳離職後來接手的人，可以想像若沒有一些斤兩，很難挑起這個重擔。我很高興許多第一次進社會工作的新鮮人，能在青春網找到工作，而那份工作也帶給了他們一些學習與影響。

曉清

鄧文娟跟捲捲劉冠佑參加我家壽司派對時合照。

青春紀事 123　　鄧文娟｜文

我在青春網的時候約莫二十二歲吧！

那時候的中廣在仁愛路現今帝寶的位置，整天出入的中廣人，口條好、咬字清晰，做行政工作的也端莊正式，畢竟是當時台灣最大的廣播公司嘛。進入中廣主樓層，上二樓左手邊，有一連四、五間播音室、辦公室、錄音間，這兒在中廣像蘋果樹上跳躍的音符，跟其他老老實實的蘋果不同，但一樣美好。這空間整天談的聽的都是音樂，每一個人都愛音樂，沒有辦公桌，整體空間亂中有序，空氣裡透著點狂放自由卻不踰矩，這裡就是青春網，我是當時企製小組的成員，十一點上班，六點下班。

青春網對我之所以重要，在於這是我出社會的第一份工作，是我未來的工作態度、習慣、觀念養成的地方，我有幸遇到一群美好正直的長官與夥伴。大家長陶曉清陶姐，給少不更事的企製很大的工作空間，唯一的要求是不准趁工作之便跟唱片宣傳要專輯CD，這可教會我為人公義清廉不受賄。企製組長賈志筠賈姐，是企製組大姐頭，一邊帶領我們完成工作，一邊帶領我們上山下海遍尋美食與玩耍，事業與休閒並重，正符合現在OFF學。賈姐肯定是我一直能樂在工作的主要原因。跟我交接工作的前企製林莘芳Oscar，當年她給我一本自製的工作交接手冊，裡面手寫著林林總總、密密麻麻的寶貴資訊，讓我自此以為工作都要雞婆、熱心兼鞠躬盡瘁。還有熱愛音樂的同期企製阿倫、魔頭、阿美、建恆，以及眾DJ們，這一群超級與眾不同的夥伴，讓我日後不管遇到任何事任何人都再也見怪不怪，老神在在。我在青春網的時間約莫兩年，但跟這群人的淵源卻直到二十五年後的今天。

謝謝我的生命中曾經有青春網，用音樂帶我走過喜樂的歲月。

二〇一六年一月三十日 Party 中合影，右起翁彥琪、鄧文娟、我、林莘芳、楊淑娟。

廖國麟

一邊工作，一邊玩冷門樂團

魔頭是我們大家對廖國麟的稱呼，有一段時間我幾乎忘記他的本名。
那時來青春網工作的魔頭，留著一頭長髮，看起來就是個所謂「饅頭
掛」的，不過日子久了就知道，他其實是個很善良、很多情的人。有
一次，他在我們的line群組傳來一段影片，原來是他兩歲的兒子在打
鼓，可愛極了。他跟鍾大澐的愛情故事也是令人動容的。（鍾大澐的
文章，請參見P222）

曉清

年輕時期的廖國麟──魔頭，當年在青春網錄音室。

我的音樂夢 　廖國麟｜文

退伍那年，在朋友鼓勵下，隻身從新竹到台北追夢組樂團。兩年過去，在音樂路上並不順遂，一度決定放棄音樂夢，卻在一次偶然機會，遇見了毛毛（王子敬），並加入當時的樂團──青銅時代。在毛毛的引薦下，進入了中廣青春網。當時面試官是賈姐，在輕鬆地交談後，被告知於一星期後上班，也正式開啟了我在台北的音樂之路。

人生中開啟我音樂之門的人是我的二哥。國中開始跟著他聽西洋流行音樂，卻在廣播節目中聽到一段吉他Solo而為此感動不已，於是開始狂練吉他，當時的自己渾然不知原來命運之神已將自己引導至未來一生的職業。當時國內的音樂資訊極度缺乏，因此並不知道當時感動自己的那段吉他Solo來自何處，直到進入青春網工作，又一次偶然間和另一位企製阿經聊到此事，並大略形容那段吉他Solo，阿經竟然立刻找到那個樂團及那首歌，原來是Lynyrd Skynyrd的〈Free Bird〉。頓時感覺青春網果然臥虎藏龍，資料庫之齊全，連這麼冷門的樂團都有完整的資料。感覺很榮幸能在這樣的地方工作，豐沛的音樂資料庫，讓自己因此成長不少。在當時搖滾樂及重金屬是冷門音樂的狀態下，陶姐竟然可以給予我們空間發揮，可見陶姐內心的浪漫性格與對音樂夢想的遠見及堅持，對於當時年輕的我們，發揮了極大的領頭作用，在我們每個人及聽眾的心中都種下了對音樂熱情的種子。

而在青春網工作的那幾年，也在因緣巧合下，認識了我老婆──鍾大澐。當時她從一名忠實聽眾被選拔並培訓為青春網DJ，由於同樣都喜愛冷門搖滾樂，在興趣相投的狀態下交往了十年後結婚。這一連串的機運，發現青春網對我人生具有關鍵性的影響。這次青春網DJ、企畫、助理們二十幾年後的再度相聚，更讓人心有所感。回首當年，真是美好的青春歲月。在沒有網路、音樂資訊極度缺乏的當年，無疑給了我們這群熱愛冷門音樂的年輕人一劑強心針，讓我們這些冷門樂團，得以在薛岳主持的《週日現場節奏》節目中有機會發揮，並在未來可以走向自己的道路。感謝陶姐，感謝青春網。也謝謝當年毛毛與賈姐兩位貴人的引介。

雖然現代網路發達，資訊充斥，但回想起來，還是覺得當年青春網的存在，帶給我和無數聽眾的不只是音樂資訊，給予的，其實是更多情感與溫度，讓大家度過青澀的青春年代。

二〇一六年一月三十日 Party 時，魔頭全家一起出席了，小朋友多可愛！

傅仕倫

薛岳《週日現場節奏》企製

傅仕倫，我們都叫他阿倫，他在企製小組主要的工作就是幫忙薛岳主持的《週日現場節奏》這個節目。他也是一直都在玩團的樂手。為了這次出書，他跟所有擔任過企製的朋友一樣，非常熱心積極。不過，我一直沒有收到他的文章，經過追問，二〇一六年四月底在群組中留話說他的文章未達標準字數，而且又延遲交稿，但他仍然寄來了這篇文章。

曉清

青春網時期的傅仕倫，正在辦公室電話機前登記什麼。

進場　傅仕倫 | 文

一九九○年（民國七十九年）第一次進入電台（中廣大廳），撥的第一通電話（八控378）就出了糗……以下為該通話內容精簡版……

賈姐：我是賈志筠，不是賈志ㄐㄩㄣ，不是賈大哥，可叫我賈姐。

阿倫：嗯……好，我記錯了……謝謝……我叫阿倫……我是…………

當賈姐與我以販賣機之強力咖啡因咖啡乾杯結束面試後，剛剛還覺得不安的我頓時跨過少年階段，進入青春期……時年二十一。

二○一六的阿倫上個月被服務近十年的電台給裁了……回憶這一段……嘿嘿嘿，還是笑出了聲音……：欸！青春網……我想念的地方。

我努力在過去青春網line群組中，找到了他在二○一五年十一月二十三日的留言，補充了他的不足：

「各位青春網的同事先進：大家早安，我是阿倫，昨晚結束夜班工作後，躺在床上想到以前在青春網工作的回憶，傻笑了一會，又感動了許久，所以趕快上群組寫下來。那裡是我進入社會的第一份工作，也是我爾後人生態度的信念，我看見了一個新天新地，充滿熱情，每個人的專業與對自我及團體的無私付出，真屌！

這經驗實是寶貴，可能為現今華人社會有所助益，所以斗膽發言，還請各位同事先進多多發言，讓你我的這段回憶保存下來，也讓正在學習的青年們能多個參考資料，創造青春，我本身就沒接受大學教育，但這段旅程是我最受教的一段，謝謝。學習是無止境的路，中廣青春網陪我保持青春，繼續學習。」

鬼靈精怪的阿倫興奮的在辦公室眾人面前奮身一跳。

楊淑娟

管理青春網西洋音樂資源

阿美是跟文娟一起加入青春網的企製人員，這篇文章幾乎是到截稿日最後才收到的，因為她非常在乎這段工作經歷，寫寫改改，一直到非交不可時才送來。看得出來她就是這樣細心又在意的個性了吧。

曉清

阿美（後右一）跟鄧文娟、劉冠佑、吳建恆、林苹芳（前）合影。

我得到了愛的滋養 楊淑娟（阿美）｜文

在那個交友、相親、班級自我介紹，總要加一句：「我的興趣是聽ICRT」的年代，英文能力跟不上全英文播音的我，仍守著收音機，邊聽邊猜的從節目中獲取自己愛團的音樂和資訊。

在得到同好介紹給我，LIVE直播、全西洋音樂介紹、中文DJ、還可call in點歌的中廣青春網，我的學生時代，音樂啓蒙，青春記憶，就和青春網分不開了。

《夜貓子》老貓Robin，是我第一個喜愛的青春網節目。凌晨不睡覺，戴著耳機，聽著不吵不放的重金屬音樂，一邊偷打點播專線，如果點錯歌（國語歌或芭樂歌）助理怕被Robin罵，還會將你過濾掉，完全不顧你打了幾百遍，差點手指抽筋才打進專線的辛勞，根本不給你和主持人接上線的機會。但是難不倒我們這種死忠派的聽眾，反正怎麼重，怎麼吵，怎麼冷門的歌點下去，肯定能得到Robin的歡心。

《飛行天線》李方，是我至今唯一迷戀的廣播聲音。雖然當年很多人都覺得李方的聲音特質和語調，與曹啓泰很像，但是在我們粉絲的心中，李方溫潤的聲線，幽默卻不戲謔的主持風格，是讓我們死忠跟隨他從廣播到電視的最大吸引力。那些年，為了打通《飛行天線》的專線，除了練就一指神功之外，還成功讓李方和值班的助理記得我名字，「又是妳？！」「妳這週打進好多次，把機會讓給別人好不好？」

《強力放送》楊嘉一直到現在仍是我的偶像。因為楊嘉認識劉偉仁，認識台灣也有搖滾樂；因為楊嘉一場下午茶談話，讓我「樂團經紀人」養成路有了方向。也是楊嘉引薦我進入青春網大家庭的，真是不枉我長久以來，在交叉線唱片行（當時淘兒還未進駐）一拿到自美國訂購，熱騰騰的唱片／CD就火速送到青春網上貢給楊嘉熱播，常常比台灣代理唱片公司速度還快。

因為熱愛，終於進入青春網

因為這種主動積極，熱愛音樂的特質，可能還有和青春網混得很熟的緣故，最終讓一個沒有相關學歷，也沒有任何相關經驗的樂迷，成為青春網企畫製作小組的一員，專責青春網西洋音樂資源的管理，簡直就是老鼠掉入米缸的得償所願呀。

在青春網的日子，我得到了許多愛的滋養：

陶姐是精神指標的存在，對事要求嚴格，對人充滿耐心。讓我們在她的保護傘下，盡量做自己喜歡的事情，尤其頂著官方（中廣）壓力，讓主持人仍能保有節目最大的主控權，做自己喜愛的節目。

身為企製小組組長的賈志筠，賈姐，是我美食追求的啓蒙者。一群又窮又刁嘴，常常大眼瞪小眼的、嚷嚷著中午要吃什麼的小鬼，讓賈姐帶著，在中廣門口一招手，讓兩車小黃把我們載到圓山大飯店，帶我們嚐嚐什麼是好吃的餛飩、炸醬麵、元盅雞湯。我成為現在這麼一個不偏食，什麼料理都願意嘗試的食客，就是賈姐給的觀念：「你得吃吃看才知喜不喜歡，你得有追求更好的精神，把標準拉高，才能有機會嚐到真正的美味。」長大後才知道，待人處事，自我要求，也同樣是這理兒。

笑容滿面的苹芳，但不知為何，我不怕賈姐偏怕她，可能苹芳像我大姐一樣，愛你就是管你吧。

和我同進同出，最有革命情感，再怎麼生氣也沒見她罵人的文娟（反正不是罵我就不算）是我離開青春網後也保持緊密聯繫，什麼話都可以說，什麼祕密都能分享的好朋友。

阿美在二〇一六年一月三十日 Party 上和楊嘉合影。

年輕時就有護短特質的建恆，雖然在我初加入企製小組時，冷眼觀察了我一陣子，沒辦法，他和文娟是同學，就我一人是新來的。但一被他納入自己人的範圍，就會開啓「護短技能」，直到二十年後，仍能感受到。

阿倫開檢討會時的一句：「你加班是因為工作太多做不完，還是不熟練？」讓我未來二十年，加班加點無怨尤，卻差點過勞死的職場金句。

得意地自皮夾拿出一只保險套，宣揚「Safe Sex」理念，害我一時語塞的永興。

賴佩霞（最後排）、吳建恆（最前排）去少年觀護所辦活動，阿美（左一）也一起去了。

對外在事物始終慢兩拍反應，看起來溫和害羞卻又能神態自若談論各種前衛性話題的開來。

人未到笑聲先到的于婷；聲音溫柔卻言詞犀利的華娟；一開麥就害我們忍笑忍到肚子痛的哈林和華健；只聞其聲未見其人，謎一般存在的凌威……

現在回想起來，充滿生命活力，充滿愛與感動，影響深遠，甚至面對人生重大挫折，正在修復期的我，依然汲取著青春網留給我的光和熱。無論是啓蒙的價值觀、美好回憶，還有至今仍伸出手的友誼，甚至是寫這篇文的同時，這份力量依然作用著。

吳建恆

先助理再企製，最後成為主持人

吳建恆是青春網後期才加入的小老弟，我還在青春網的時候，他才加入成為助理，後來又成為企製小組的一員。經過他自己不斷地努力與學習，他能夠成為在日系與韓系的著名主持人，在廣播與電視方面都引人注目，都在在證明了他的努力有目共睹。我非常感謝他在流行音樂上的認真，過去多年來，我在唱片討論會上的努力，曾經由他接手繼續推動，我在這裡要好好地謝謝他。

曉清

青春網時期的吳建恆與我。

一九八九年，改變我一生的夏天 吳建恆│文

到青春網當助理之前，我在世新念廣播電視，但是我對廣播並沒有太大的興趣，從來沒有想過未來會走上這一行。直到一九八九年夏天，那是改變我一生的一個夏天。直到我來到了青春網當助理，看到青春網的DJ們做現場節目的樣子，真的是深深地吸引我。

我常常在想如果我也可以像他們一樣，真的是非常的酷，而且真的是非常棒的一份工作，所以在青春網的那一段時間，我很努力地希望未來可以成為廣播的一分子。

因此，當我學校畢業，我便進入青春網當節目的企畫製作，在這一段時間我開始學習與外界的聯繫、學習如何做一個小單元。至今，許多人脈基礎的累積也是在這個時候建立起來的。

介紹我進青春網應徵助理的人，當時也在做節目助理，他的名字叫王濟斌，是我世新的學長。我和他根本不熟，他卻願意把這麼好的一份工作介紹給我，要我去試試看。

從青春網獲得的珍貴養分

真的謝謝當時在實習一週之後願意用我的DJ們，那時我很安靜，反應有點慢，西洋歌曲的知識不足，所以錄取之後我非常地珍惜也很緊張，於是我開始背Billboard美國告示牌榜單，背了將近半年，直到上手為止。

對我的影響是，雖然我參加了中廣主持人的考試兩次都失敗，但後來流行網鄭怡的《綺麗世界》，卻願意讓我在她的節目中介紹西洋歌曲。

直到今天，我願意給許多新人、陌生人、有夢想的人幫助或者是意見，甚至不吝嗇給一些機會，原因就是在當年我收到這樣子的幫助，才有今天的我。

一直到現在，我做節目的時候還是維持著當年青春網DJ的習慣。我習慣記錄我收到的CD、習慣做現場、習慣自己控機主持等等……

我也自己準備節目內容，學習如何跟來賓用一種更輕鬆的方式互動，而不是很硬的對

談，這些看起來好像是都理所當然，但我在這些DJ的身上學到的技巧，在後來有機會和不同的DJ合作時我才發現，原來不是人人都這樣做節目的。

從陶姐身上我也學習到如何對這個社會傳遞更多的關懷與付出。後來在「音樂人交流協會」我便開始主持與監獄相關的節目，這對我的人生也有許多不同的影響：我變得比較細心，會去聆聽別人的感受，會去想要了解別人的需要。

堅持唱片討論會，也讓我有機會成為更好的DJ與傳播者，以致後來有機會在許多場合得到別人更多的信任。

所以我常常告訴聽眾，我人生的養成就是從中廣青春網來的，我身上融合了當時眾DJ的風格與特質。

謝謝中廣青春網，讓我有機會成為今天的我。

二〇一六年一月三十日，吳建恆在青春網的 party 上擔任主持人。

親愛的陶姐：

和您認識其實不到四年
我卻覺得豐盛的參好了您的全部
感謝您給我這條路～
看著我成長
並在我挫折時溫暖的擁抱
從此陶姐不再只是陶姐
You Are My Good Friend

祝　新的三十年更豐盛！

建恆 94
5
8

一九九四年我退休 Party 時，建恆的留言。

其實
　我真的不知道
沒有青春網，我現在
的人生會是怎樣呢？
謝²青春網
謝²陶姐

建恆

二〇一六年一月三十日建恆在我的簽名書上的留言。

方姚慎

她負責宣傳、發稿、買 CD

青春網到了後來終於告一段落，落幕了。我在它正式落幕之前就先離開，先是辭去了總監一職，只做一個節目，後來節目也移到新聞網去做了。方姚慎是在我離開之後才去青春網工作的，但是她一直跟以前的工作人員有來往，這次也來參加了聚會並送給了我她的文章當作禮物，感恩！

曉清

方姚慎近照。

最後的企製 方姚慎 | 文

我是世新廣電科畢業的，畢業後做過飯店櫃檯接待和業務祕書，但一直沒忘記小時候對空中談心的好奇和熱情。進青春網擔任企製，負責宣傳、發稿、買CD。陶姐一直是我仰慕的對象，但那時已經不是陶姐負責了，我記得開會時，主持人除了于婷和羅懿芬會多說幾句話，大部分是安靜的……凝結的……，青春網怎麼不太青春呢？後來才明白，有一樣東西消失了。

我對西洋歌曲並不熟悉，程度僅止於排行榜，所以要挑選音樂CD，真的是不知所措。深夜主持人凌威雖然神出鬼沒，但非常友善，還陪我去淘兒採購CD。後來聽說有人很有意見，因為他選的CD很冷門，哈哈。

是一九九三年吧。Michael Jackson來台，青春網整個很興奮，放了一個Michael Jackson的人形立牌，當時是非常新鮮的玩意兒，我們企製爭相拍照，彷彿他就在眼前，如此就心滿意足呢！

工作內容因為要發稿，在樓上樓下辦公室跑來跑去，常常看見白銀阿姨，聲音那麼清晰有力，不知何時才會退休？沈時華、鄭怡等演員、歌手也主持節目。老實說，企製的薪水滿低的，也沒有機會參與節目，當時因為懷孕，我待沒多久就閃人，迅速停損。嘻！這是我最接近廣播這行的時光了。

看到建恆的執著和熱情，現在能夠在舞台發光，我感到很驕傲，因為我跟他曾經共事在青春網。

二○一六年一月三十日，第一代的企製賴進一，帶著他的女兒一起來參加聚會，送我一幅他的攝影作品，代替他的文字。我非常喜歡這幅作品。

朱 凱

助理工作像八爪章魚

朱凱是助理中重要的一分子,他在這篇文章中文筆幽默,又能今昔對
比,還自己配圖。怪不得有人要說:朱凱,你寫成這樣,我們還要不
要寫了呀。

不過,朱凱真的用他的生花妙筆寫出了助理工作的種種苦與樂,真的
好生動啊。

曉清

大家為朱凱(前左二)慶生,笑得多開心哪!

二〇一六年一月三十日 Party 時,朱凱發言。

青春網助理工作重點 朱凱 | 文

我們當助理的，每天來青春網面對的錄音器材，三十年後的今天看來都很不可思議，所以讓我們翻開青春網的歷史……器材篇。

卡帶

在廣播電台還未解禁的時代，青春網為了開放call in點歌，但又要顧慮會不會有恐怖分子在直播時大喊一些不該說的話，所以我們的所有call in都十分新潮的用人工來做Delay-Live ……就是用一卷卷短得不得了的三分鐘卡帶（工廠特製的，為了現場播放迴帶時不要太費時），由助理接好電話後，主持人在線上與聽眾交談錄在這卷卡帶上，然後在上一首歌放完後，再以播放這卷卡帶的音源對話串場，以製造出「假現場」的效果，所以助理每天都在和一疊疊卡帶為伍，轉了又倒，倒了又轉（還有練就一支鉛筆一轉，就能將前面透明引帶立即轉到磁帶開始第一秒的絕技，看不懂的朋友，你們就太年輕了）。

萬萬沒想到去年二〇一五年全球卡帶生產量第一次觸底反彈，重回流行的行列，當我讀到這篇文章時真是百感交集（感字請發四聲）。流行……我真的不懂你啊……

青春網特別訂製的卡帶，這些是我的節目與小單元。

匣帶（台內稱 CART）

當年在卡車司機界大受歡迎的匣帶，在青春網也是重要角色。青春網應該是全台第一家中文發音的Rotation Radio（是的，AKB48的Heavy Rotation的Rotation），所以在Rotation上的歌就會錄製成一支支匣式帶插在牆面，加上各節目的大小片頭，我們大約有一百多支匣帶在牆面上備用。另外三台匣式播放機在播放台上，每一支匣帶還手寫標示了Intro秒數及Outro是Fade還是Cold End，讓主持人選擇接話或進廣告，這樣即時靈活的串聯之後產生的美式風格，就是當時青春網一聽就與其他電台不同的地方（當時還是當主持人報歌名後，靜默一秒鐘音樂才揚起的時代）。

請注意！當時青春網的電腦還是DOS系統，所以不能拿來播歌、播片頭、播音效。但當年節目的實際感覺不亞於現在使用RCS系統的電台，所以你了解DJ與助理（有時還加

企製進來多一手）的七手八腳人工MIX版節目是多麼的土法煉鋼！

盤帶

來青春網當助理，第一課就是要學「上盤帶」，因為雖然青春網都用時髦的CART在播歌曲了（當時很時髦），但是中廣的插播單元——公播廣告，以及青春網自己的預錄節目還是要用盤帶播出，所以當助理的要是不會「三秒上盤帶」是不行的。上盤帶就如穿針引線，盤頭要讓它夾緊，要轉到聲音起點的第一聲，再退四分之三讓機器一起動不會滑音，播完後要再倒回原盤（不然下一位不知情會播放的是倒轉的大法師聊天秀……恐怖呦），還有轉完盤帶後機器空轉時，磁帶啪答啪答鞭打磁頭蓋的聲音也很令人懷念（咦～這句有點怪怪的）！

我們青春網的眾助理在學會這個盤帶的技能之後……對我們後來的事業跟人生一點幫助也沒有（SORRY），算是史上最無聊的技能之一（但我上盤依舊上得很好，有機會，尾牙我想表演）。

上：陳美瑜跟我在錄音室，可以清楚看到背景的盤式機與唱盤。

下：我在青春網錄音室主持節目，與賈志筠、吳建恆對話中，可清楚看到當時用的 console、匣式機與唱盤，還有用過後尚未歸還原位的匣式帶。

唱盤及 CD 座

這兩樣現在是基本，可是當時在青春網是很豪華的設備，特別是CD座，我們用的是當時可倒數讀秒、有飛梭轉盤、按鍵超多、底座沉穩到快三公斤的SONY超高檔數位CD player。當然，因為它是掀蓋式的，後來超頻繁使用之後，變成挑片挑得厲害的超問題器材（蓋子還常蓋不穩，CD在轉盤裡面狂轉，一副要飛出來的樣子），但配有兩個唱盤還是很夯的。很多歌手一來看見這架式都覺得這間Studio是他們的夢中寶地，殊不知我們都拿唱盤和主持人玩「玩偶摔角」（放兩個小塑膠公仔，開唱盤看誰的先被甩出去）。

當時為了加強西洋歌曲的即時流行性，不但是五大國際唱片公司都一包一包的送最新的歌曲SAMPLE CD（或7吋小唱片）過來，青春網也首創跟進口CD商交叉線固定購買美版CD在節目中播放，當時真的很稀有的美版CD我們除了把CD放進架上歸檔之

外，長型的外盒（當時美版CD為了進美國好市多大賣場，特別製作CD兩倍大的外盒來增加體積防盜及增加辨識度）我們都很珍惜地貼在辦公室的隔音牆面上，所以來青春網泡茶的宣傳們都知道，找青春網的辦公室，就找牆壁貼得花花的、像萬年的二手商店的那間就是了。

阿經寶典（咦？）

是的，再說一次，當時青春網的電腦還是DOS系統，更悲的是我們只有一台電腦，而且不在LIVE錄音室內，是在隔壁一窗之隔的「企製房」裡（俗稱青春網交誼廳，意思跟現在的記者XX現場休息站的意義是一樣的），而最重要的……那台電腦都是阿經（梁經博）在用（……對！都是他在用），所以各位聽眾打電話進來點歌，青春網是怎麼能在三分鐘之內現場播出那首歌的呢？我們用的就是一大本「阿經寶典」（下音樂）。

本寶典完全就像錢櫃點歌簿，國語西洋分開，黑膠與CD也分開，以ABCD的排序將現場LIVE錄音室擺放的千張音樂專輯裡的「歌單」表列下來，然後以人腦打敗電腦的精神，由助理現場為您快查，查到了就踹一下滾輪辦公椅，以完美的弧度滑到編號前，抽出那張CD及黑膠給DJ現拿現播。

那麼要是有新CD或新歌來時，怎麼辦呢？您放心，我們阿經會像錢櫃「新歌排行」一樣在前面加頁，我們就可以先看前面新歌，找不到再看後面舊歌，定時還會全部再跑一次全寶典（很多頁），而且是用兩邊有洞的DOS打印紙印的，字體是現在也很時髦的8 BIT電腦字型。然而，我們這麼費工弄寶典，各位聽眾打來都是只點播那幾首（Tommy Page / The One You Love / 以及跟助理玩我唱你猜大考驗），然後Robin因為播的歌和其他人都不一樣，他就在錄音室的另一角擺了一個櫃子放他的搖滾唱片，沒有LIST……You Know……沒有LIST，助理要背下來，不然就要和Robin玩現場支援前線之我比你猜（請想像一位熊男一直揮大手，小助理一張張在架上抽出唱片封面來給他看的驚險鏡頭），這又是另外一項本領了……

歌單表

再說一次，當時在中廣時代，青春網為了LIVE播出時給主持人最大的空間，所以助理最神聖的工作就是「填歌單表」，一份A3大小的大型中廣歌單表就是我們助理的最佳日誌，不但要即時逐首填完每首歌的歌名、人名、發行公司，還要製成一篇篇可供查核的播出表，方便之後可以確認每天幾點幾分播了什麼歌，喔～還有要以長時間的卡帶「側錄」當天實際播出的節目來存檔（特別是卡帶要記得翻面啊），這個工作在現在RCS盛行的當下覺得很不必要（電腦都會記），但在當時只能靠助理們以人定勝天的精神完成，現在想想，還是好熱血沸騰啊。以上，就是青春網的小助理的日常工作，謝謝大家。

程懷昌

從吉他宅男到媒體 CEO 的助理歷練

程懷昌在青春網當助理時叫做小明，目前他是Group M群邑媒體集團
CEO執行長，也是Men Envy Children（MEC Band）小男孩樂團的團長
兼吉他手。我真高興這些小朋友在青春網工作時的經驗，對他們的人
生有幫助。

曉清

程懷昌與致怡在我家
陽台，他們是參加那
次著名的壽司派對。

心中總是滿滿的 程懷昌（小明）｜文

「學弟，你有興趣到中廣青春網當助理嗎？」

「什麼！？我？學長為什麼會找我？我可以嗎？」

「因為我看你一有空就在房間裡練電吉他聽音樂，想必是音樂的重度愛好者。我們青春網剛好有個助理缺，有興趣的話我幫你推薦看看！」

在我二十出頭的某一個夏日夜晚，住隔壁同樣是頂樓加蓋學生宿舍的建恆學長突然造訪，就此打開了我的眼界，展開了我這個高中讀理工組的一個截然不同的人生旅程。到現在每每在不同場合看到建恆，每次都想跟他鄭重感謝當年他拉我這位吉他宅男一把。

在青春網上班時讓我心中總是滿滿的。

一是因為我本來就愛音樂並對歌曲敏銳，每次上班時都跟著音樂素養很高的主持人及企製助理們學習得非常多；二來當我跟家人以及同學說我在仁愛路的中廣上班時，以一個學生來說，覺得是無比驕傲光耀門楣的一件事；三是因為常常在主持人對面幫助LIVE節目順暢進行，有特別來賓接受訪問時就會坐在我們助理的旁邊，漸漸地體會到螢光幕前的大明星也是和平常人一樣，不是那麼遙不可及的。也讓我開始會以平常心來處理一般人覺得這麼刺激興奮的事情，提高了我處事的沉著以及膽識。

在青春網工作也同時對我之後的人生有非常深遠的影響：

1. 確定了我未來的工作領域

記得有一天在節目交接之際和主持人致怡聊天，她隨口問我以後退伍過後要做什麼？我答曰：「也許是當記者，或攝影師之類的吧！」但其實腦中是一片空白，也有點慌，因為確實沒有好好地認真想這個問題以及計畫過，總是心想先當完兵再說吧！聽完我的回答，致怡也許同時看出了我的不確定性，她建議：你不妨可以了解一下，試試廣告公司。

這建議就這樣被我記在心中了。當兵時也試著粗淺地了解一下廣告行業，看了幾本書，覺得滿有趣的。退伍後非傳播相關科系畢業的我，就硬著頭皮自我推薦投履歷至各大小廣告公司，幾番挫折後，很幸運地被奧美廣告錄取，繼而在廣告媒體業一待就是二十年。

2. 當兵時免除了學長制的威脅

以前服兵役時學長制頗重，常常動輒得咎，尤其是新入伍的菜鳥大專兵。還記得當時我們有莒光日作文簿，需定期寫當兵心得以及規定每週貼兩張生活照片。記得入伍時隨身帶了幾張照片同行，其中有在青春網時和歌手明星們的合照，我就將之貼在莒光日作文簿上的照片黏貼處交差。一些老鳥學長後來翻閱大家的作文簿時看到了照片，紛紛藉機過來找我，以羨慕的眼神問東問西的，想多知道一些明星的趣事等等，以為我好像很有辦法。也因為這樣跟老兵們拉攏了相互的關係，自然而然成了朋友，因此他們在新兵中也就不會特別找我麻煩。這在以前新兵容易被欺負的當兵年代，也是青春網給我另類的一種回憶以及幫助。

3. 對音樂的純粹，對音樂的熱情

記得在青春網的網聚中，第一次到陶姐家，看到了家中的擺飾、馬世芳的唱片收藏，以及DJ企製助理們因為音樂而結合不分彼此的感覺，心中著實被這份純粹感動至今。因音樂而結合的友情會是這麼地有溫度以及持久，也同時讓我決定將心中對音樂、對樂團的熱情可以一直點燃著，不要因為職場的考驗以及生活的挫折而放棄它。這也是我後來在工作十幾年後，還是可以藉著公司集團的尾牙表演找了同事們組了一個樂團，放棄了打高爾夫球以及一些喝酒應酬，一直持續五年利用工作之餘時間，每週團練二小時以及不定期表演，並於二○一五年五月由Sony Music出了第一張小男孩樂團的專輯（二○一六第四季會出第二張），單曲並得到亞洲中文廣播排行榜數個冠軍，受邀的演出跨出台灣到馬來西亞等。這個職場人圓音樂夢真實故事的背後推手與其說是我的帶頭衝，不如說是因為青春網在當年已深深埋下這個種子了。

青春網對當時年紀青春的我，實在有太多的回憶了。與其說是回憶，不如說是那個年代的所有聽眾們生活中共同的彩色音樂刻痕。再次藉此機會謝謝陶姐的everything。

青春網的助理們合影，小明在後排最左邊。

二○一六年一月三十日 Party 時，小明笑得好開心，他右邊是嘉寶與小琪。

陳修維

酷到不行的助理經歷

我們叫他小維,他在我的印象中常常是很害羞的,也容易臉紅。我知道我在這些小朋友心中是一個比較嚴肅的人,他們在我的面前常常也保持著一個距離。不過,我經常會在企製會議或DJ會議上聽到他們提起助理,要是青春網沒有這些助理的話,日子真的不知道要怎麼過了吧。

小維在文章中提到他是Bon Jovi掛的,魔頭是Motorhead掛的,我幾乎要失笑,這些可愛的小朋友們啊!

曉清

青春網時期,陳修維與周華健在現場直播時合影。

陳修維近照。

助理 Wei 的青春奇幻之旅～　陳修維 | 文

「陶姐說可以，你下禮拜就開始找時間跟班吧……」

開始跟班的時候，因為沒有工作證，所以早班的時候要先打電話去八控找阿倫下來帶人，阿倫有時候不在就要找魔頭。總是希望阿倫在。魔頭有時候會穿 Motorhead的T恤，而我那時候畢竟還是邦喬飛底的，會有一點距離。跟晚班的話就會跟毛毛或小四一起進電台。

「先用酒精清潔磁頭，匣式、卡式，兩台盤帶也都要。左邊那台CD Player蓋子卡不緊，用那本搖滾年鑑壓著就不會跳了……Billboard太薄了，不行啦……消磁好的air check在隔壁，先去拿過來好了。盤帶會上吧？你不是有跟過班了嗎？ <~!@#$%^&*(>……這些 CART、CD、LP是之前兩個節目播的，可以放回去了……還是要注意一下rundown，提醒主持人盡量不要三個小時內重複播放同一首歌就是了……下禮拜三青春網會議你要吃什麼？木須炒麵可以嗎？早一點過來，搞不好賈姐會買鴨舌頭來……」

「中廣青春網夜貓子，你好」「……你說你想要點 Meat Loaf 的I'd Do Anything For Love, but I won't do that……」「給在台中的阿美……」「好」……「Hey Robin～it's still your call, I just do what I do……」

青春網的經歷是奇妙的經歷，是酷到不行的經歷，更是對於音樂喜愛長大的過程。主持人將豐富並且專業的音樂知識帶給聽眾，我們當助理的，不但可以聽得到，更是可以用眼睛看得到，多麼奢侈的享受。

謝謝陶姐！謝謝青春網！

祝福大家～～～

賈志筠（第二排右二）在中廣公司錄音室前的階梯上和助理們合影。

梁經博

青春網行政不可或缺的重要人物

梁經博是青春網非常重要的人物，大家都叫他阿經。他是個非常執著與使命必達型的人物。那時電腦還不普遍，但是阿經已經是我們之間電腦最強的人了。他不是企製人員，也不是助理，但是他直接掌握住所有人員的薪資資料，青春網的每個人都沒辦法沒有他。同時他也是整理所有音樂資料的好手，助理們使用的參考資料都是他即時提供的，所以才會被稱之為「阿經寶典」。

這次也多虧他提供了當年的許多文件與資料，使這本書的內容能更加地豐富。所以他是介於企製與助理之間不可或缺的工作人員。

曉清

青春網時期的梁經博。

流動的回憶 梁經博｜文

先說我吧——

日子愈來愈遙遠，要回憶二十幾年前的往事，實在很難立刻想起。只能藉由當時的紀念物品，或當時的流行歌曲，在其中尋找記憶，幫助我想起過去的點點滴滴……

話說一九八八年，那時剛退伍不久，本人學的是商科，卻沒有從商，僅憑著一股傻勁，也可以說是執著，就進入了廣播界。原本從國中開始，我只是個普通的聽眾，非常喜歡聽收音機廣播。後來在同學的介紹下，迷上了西洋歌曲，也許是由於當年升學的壓力，加上課後沒什麼娛樂，收聽廣播就成為我可以不出門就能享受到的唯一娛樂。

於是我的興趣漸漸從集郵轉移到聽音樂，一發不可收拾，只要有空就拚命聽，每天很興奮地與同學談論聽到的種種事情，舉凡ICRT（前美軍電台AFNT）、中廣、警廣、漢聲等各個廣播電台的節目，不論內容，到處亂聽，後來收集榜單竟然成為我的生活目標，遠比讀書還要勤快，就算面對升學的壓力，好像也不怎麼在乎。

我曾經念過一年高中，後來重考進入商專，退伍後在我的高中同學顧超的引薦下，一九八八年進入青春網。起先是擔任節目助理，九月份開始實習，一共上了二十四次的班，就馬上接手總策劃助理的職務（原職為蕭秀貞）。

行政工作其實相當繁瑣，大小事都得考慮周詳。因為公司內部單位多，分工很細，有時會非常忙碌，但其中的樂趣也不少。例如我們每天都會有各種不同的音樂進來，接觸許多歌曲。而且青春網還向中廣公司申請訂購美國的告示牌《Billboard》雜誌。在此之前，我每週都要追逐這份排行榜，只要有新歌入榜，幾乎都不會放過，比念書還勤快。甚至還做筆記，記下當時的曲目，自行錄音存檔，反覆播放。可惜當時聽歌的同學還不太多，所以無法與太多人一起分享。

從一九八八年十一月一日開始，我就和企畫製作小組一起工作，我們的辦公室在中廣大樓裡，錄音室是在第八控制室，來賓來訪要填寫會客單，由人事室簽准。當時每月的DJ會議，都是在中廣大樓的會議室舉行，場地得先預訂，還要一一通知DJ們來開會。

我負責處理DJ合約、每週節目表、資料建檔等等瑣事，我是在邊學邊做的情況下完

二〇一六年一月三十日 Party 中,阿經發言。

成。因為當時電腦才剛問世不久,記得還是所謂386的年代,我需要負責處理資料,完成後要存檔。當時文件多半使用PE2來完成,起初打字速度不是很快,但日子久了就習慣了,動作也就加快了,好在求學時學過英打,否則還很難適應。

不但是學習操作電腦,還有傳真機,甚至影印機的運用,都是從操作中學習。現在也是如此,所有的事物一直都在進步當中,就像以前聽廣播只知道有AM,後來才知道也有立體的,隨時都得學習新的事務。

還有錄音室內的CART匣式帶,是當時最時髦的器材,至少對我來說如此。過去只知道是遊覽車上常用的播放方式,但是在專業的電台裡,我還是第一次接觸到這種匣式帶,很新鮮,也很好奇。可惜這種匣式帶目前已經淘汰了。至於圓形的盤帶機也是第一次看到,感覺很好玩,更令人興奮的是還可以剪接,原來卡帶無法做到的,電台可以完成,而且近於完美。

當時能夠進青春網,真的覺得好幸運,以前我只是個小聽眾,現在卻能夠身在其中,服務大眾,對我來說真是件不可思議,卻又分外新鮮的事。

記憶中的 DJ 和他們的事──

據老同學顧超說,華娟的笑話可以撐一整天。

華娟說過的笑話:有一次有位男士要擇偶,有四種女性讓他選擇,第一位很孝順,第二位很顧家,第三位很會理財,第四位很會打扮,你猜他會選誰?停了兩秒鐘,你猜呢?答案是:他選了位胸部最大的。

Robin本身就是個笑話:他老說自己是老貓,可是我記得夜貓子應該是貓頭鷹吧!怎麼說著……說著……變成一隻貓?那麼鳥去哪裡呢?

李方常說自己是李四方(李四端是當時當紅的新聞主播)。

楊嘉有次說了個笑話，那時阿諾史瓦辛格很紅，他的大名用台語說就是：怎麼死都性格！

楊嘉說，她買T恤每次都會買兩件相同的……（這樣不是很浪費嗎？不解！）

庾澄慶有一次在節目上很有趣的自言自語，說說有關當時幾位藝人的名字與顏色：Karen White，Bobby Brown（巴比棕），說著……說著……Al Green（全都綠了）……可惜當時未能即時記下，已經記不清全部了！

周華健有一次不小心開了天窗，酬勞只好捐出來……

趙偉娟很任勞任怨，經常變成代班大王。朱衛茵有一段時間也成為代班大王。

有一次因為賈姐的關係，我們有幸去圓山飯店用餐，當時賈姐還開著高級轎車，很拉風！

Tim有次騎越野機車，順道載我一程，乘著風一路前往士林……

有次Tim與華娟到八控錄音室來借電腦，當時會打字都很稀奇，更何況是用來準備TaTa英語教室的教材呢！

林瓊瓏有次上節目前小酌一番，讓節目氣氛輕鬆許多，不說根本沒人知道吧。

八控錄音室牆上的海報，貼的是庾澄慶專輯《改變所有的錯》的宣傳海報，其中主打歌是〈讓我一次愛個夠〉。海報上很立體地被黏上一根香菸，變成了〈讓我一次抽個夠〉。

發生在錄音室的事：有一次聽眾call in進來，點完歌後電話未掛上，收到帳單後才發現這筆鉅額的電話費。

還有我們的陶姐——

八控錄音室的DJ椅背上，有一件不知是誰的外套，經常放在那裡，因為冷氣太強，就隨大家去穿。有一次陶姐穿了後，就把它帶回家清洗，這點小事，好像很少人會這麼做吧。

陶姐很環保，而且是從自身做起，連寄出的信封都自己DIY。

陶姐父親過世時，寫下對父親思念的文章，當時是我代key in的……

陶姐的愛貓是在一九九二年過世……

我們在日常生活中犯些小過錯是難免的，陶姐總是寬大為懷，事後想想自己真是年輕不懂事，謝謝陶姐不計小人過，而且甚少遷怒。

更難得的是陶姐邀大家到澎湖一遊。對我來說，像校外郊遊，又像畢業旅行的感覺，原本根本是不敢想的事，非常難得，要比辦活動的感覺更好，也讓我們留下當時的精彩照片，多謝陶姐。

一起工作的企製小組與助理們——

企製小組當時的原始成員有：馬奎元、趙一豪、趙偉娟、李重周、賴進一。後來還有馬天翔、黃鳳儀、林苹芳、王中方、劉冠佑、傅仕倫、廖國麟等人。

企製小組們各有絕活，傅仕倫吉他彈得好，組過很多次團，雖然還沒有真正大紅過，但是也許機會還未出現耶！

廖國麟小名「魔頭」，也很厲害，尚未走紅，還在醞釀中。不過沒關係，因為他已有了小魔頭。

助理王子敬是貝斯手，人高馬大，有一次去領錢，就是由他護駕的。

企製小組還曾經上過電視錄影的通告，那是羅碧玲主持的綜藝節目。

企製小組每週二開會，會後都會一同用餐，常常去不同的餐館，真像聽眾說的，青春網的DJ還真懂得生活呢！記得有次在濟南路上，我們午餐就大吃「活魚三吃」。

企製小組同仁合照。傅仕倫（前），中排右起林苹芳、彭安文，後排右起梁經博、劉冠佑、廖國麟。

每當陶姐有新的構想和企畫時，就是我們忙碌的開始，有時很辛苦，但是大家相處融洽，非常愉快，我想我們大家都不在乎忙碌，只是一股傻勁的向前衝。由於青春網有各項工作守則，因此負責幕後的小功臣們——助理，就必須要和DJ們建立默契，互相配合，節目才能夠順利進行。

以現場LIVE表演來吸引聽眾，是當時最新鮮的事。不過到底表演過多少次？已不太清楚了。記得在EZ Pub每週都有LIVE現場表演，許多藝人曾在那裡演出。場地不大，是很珍貴的歷史鏡頭，可惜都沒能留下來，只記得健康路很遠。

流動的回憶——

舊的中廣大樓已經拆掉了，只能在網路上看照片……

在回憶這些資料的同時，耳機裡全是以前的流行歌曲。

記得第一次到辦公室時，向同事打招呼：「大家好！」（是學李國修的語氣！）

手邊的日記簿中，依稀可找到當年的日記，上面記載各種守則、助理們名單、DJ名單、企製小組及組長……

萬萬沒想到那些年代用卡帶錄下的聲音，現在能夠經由網路與大眾分享，當時應該多錄一些片段，唉！不過，當年的聽眾在哪裡呢？也許透過這些零散的記憶，能夠幫大家找回往日的快樂。

捫心自問，我最大的收穫是什麼？其實很多，尤其是在聽音樂方面：記得加拿大三人前衛搖滾團體Rush（現在他們有專屬的網頁），歌曲多到可以有自己的radio。因為陶姐很喜歡他們，我原先根本不是很能接受，是因為到了青春網，當了節目助理，耳濡目染之下，幾乎將他們的作品都聽過了。他們向來喜歡巡迴表演，在途中醞釀新作品，鼓手Neil很愛看書，有中心思想，整個音樂的重心，有賴三人共同完成的默契，在巡迴完畢後，就可以發表。三十年來從不間斷，我覺得他們的音樂作品是最剽悍的。

日後別人問起，年輕時你都在做些什麼，我可以很驕傲地說，生活大部分都在聽廣播，而我有幸能服務跟自己一樣的聽眾。

常聽人說：「學音樂的孩子不會變壞。」應該是說：「愛聽音樂的孩子，比較有想法！」同意嗎？給我一個讚吧。

企製小組工作職掌

（一）最新音樂資訊之收集、拷貝。

（二）聽眾來信之歸納整理。

（三）《青春總質詢》部分各信箱之製作錄音。

（四）各節目小單元之支援工作。

（五）青春網各主持人、助理及特別來賓之帳目申報。

（六）各項插播稿之撰寫、製作。

（七）青春網大小活動之策劃、執行。

（八）AIR CHECK 之監聽。

（九）聽眾年齡層、教育程度及分布地區之調查整理。

（十）新聞稿發布及媒體聯絡。

（十一）機動性配合各單位各節目之活動或個案。

（十二）錄音室之規劃及時間安排。

（十三）電腦建立各種相關之檔案（歌曲、人事、公文、新聞稿、意見調查等）。

（十四）與各大專院校聯絡，製作《校園看板》單元。

（十五）安排參觀青春網及深入校園講演、座談。

青春網助理工作內容綱要及注意事項

（一）請於工作時間十五分鐘前到達控制室，進行事前準備工作。

（二）整理控制台的清潔，清洗磁頭。

（三）準備 AIR CHECK 及點播電話的錄音帶，請貼新的標籤、註明日期時間、節目名稱及簽名。

（四）填寫節目進行記錄表，節目結束時，請主持人簽名。

（五）幫助 DJ 拿取音樂資料 CD、LP……等。

（六）接電話、填寫點播單或得獎名單，請以工整字跡填寫清楚，以利每季做聽眾基本資料之統計。

（七）按表準備每位 DJ 必須使用之插播 CART 小單元資料及稿件。

（八）按表準備每位 DJ 必須播出之廣告帶。

（九）在值班時間內，不得擅自離開錄音室處理私人事務。

（十）清點錄音室內之 CD 及唱片，並與接班人交接。

（十一）任何人必須將音樂資訊（CD、LP、CART 等）借出八控之外，均應切實簽借，助理在值班時間內請負責登記。

（十二）青春網專用供錄音使用之九控，任何人使用均請切實登記，並在使用後恢復原狀。

（十三）助理不得干預主持人之節目風格。

（十四）助理請假必須自行先找到代班人，並通知企製小組。

（十五）若有任何機器失靈或大小事宜，請利用聯絡登記留言。

（十六）若非必要，非值班時間內請勿高聲喧譁，以免影響同仁工作情緒。

在這份助理守則當中，我看到一條非常有趣的規則，那就是：「助理不得干預主持人之節目風格。」有這個條文存在，可見得這個情形是曾經發生過的，會是誰對哪一位主持人有過這樣的「干預」？

Part 4 __ 青春網的活動與聽眾

自青春網一九八八年開播以來，

除了 DJ、幕後工作人員的投入，

讓我們得以開創、運作這個實驗性質強的廣播媒體，

給予聽眾不一樣的音樂選擇外，

那些年來，常來青春網的電台宣傳、記者都一併參與了這段無可取代的歷史。

還有，廣大的聽眾也是我們所在乎的，

因為有他們，有了他們的回饋，成為我們製作節目時的動力。

我們邀請了當時常跑青春網的電台宣傳、記者，

以及忠實的聽眾分享了當時的青春記憶，感謝這麼美好的一段緣分。

那些共在同一個時空
一起參與青春網的人

List

電台企宣與記者　　聽眾

朱澤安　　　　　　　葉雲炫

鄭明旻　　　　　　　鍾大澐

趙雅芬　　　　　　　陳孟朮

歐銀釧

青春網的對外宣傳：
唱片公司企宣與報社記者

因為青春網的主持人都能說流利的英文，所以，後來許多外資唱片公司邀國外歌手來台發片宣傳時，青春網的主持人常被邀請擔任記者會的主持人。因為工作上彼此需要的關係，青春網企製小組的工作逐漸加入了與唱片公司企宣人員的互動。

一些常常到電台來的宣傳人員，每當要陪著歌手來工作時，都會耐心地聽節目，幫歌手與主持人合照，也順便跟剛好在電台的其他工作人員培養感情。

同一時期，剛好也是台灣報紙媒體最興盛的時候，對娛樂新聞用較大篇幅報導的就有民生報、大成報，加上日報、晚報，我記得那時還有專門跑廣播節目的記者，所以青春網的各種新聞見報率算是相當高的。

我們其實並沒有針對媒體設定類似發言人的角色，一開始不過就是一般性的在有什麼活動的時候，寫個新聞稿，發給各家報紙。

漸漸的會有一些記者主動的到青春網來，有時候是因為我們有活動，也有時候是某位知名的藝人來上通告，其他媒體記者順道也來一起聽主持人訪問。

等到報社開始有專門跑廣播線的記者後，好幾位記者會經常打電話來青春網，問我們的企製小組成員：「今天有沒有什麼事？」

記者青春網沒有自己的辦公室，我們的企製小組就在第八控制室的對面工作。那個沒有手機的年代，我們的電話分機號碼是 378，電話時常是忙線中的。

中廣一向門禁森嚴，所有人員進入錄音間都會管制，特別是青春網全部的節目都是現場立即播出，時間是從傍晚開始到凌晨五點，我們那時還真有很完善的流程，來服務受訪來賓，並且符合公司的管理模式呢！

我相信在仁愛路中廣時期在門口櫃檯工作的警衛，最清楚青春網在播音期間，常常看到助理或是企製匆忙拿著訪客單跑出來，接唱片公司企宣人員與記者進到八控去。

林苹芳是我們的企製中，最早開始跟媒體建立好關係的人了，多虧有她，我們才能在二〇一六年一月三十日青春網的 Party 中，見到過去常常來青春網的當年的企宣人員與記者朋友。

朱澤安、鄭明旻

單純為愛音樂而工作的年代

我還清楚地記得小安——當年我們都這樣叫他，他跟企製在一起時，總是有說有笑的，但是我一出現，他常常就很靦腆的、安靜的在一旁。看他描述當時各公司電台宣傳互相較勁，也同時互相合作的往事，真是讓人懷念那個單純地只為愛音樂而工作的年代啊。

鄭明旻可能沒有做過電台宣傳，不過，他經常跟做電台宣傳的同事研究，也常出現在各唱片公司宣傳跟企製小組的聚會上。透過他的文章，讓我們更清楚知道，當年青春網還有過架起橋梁來這樣的貢獻。

曉清

二〇一六年一月三十日 Party 中，
朱澤安（左）與鄭明旻（右）。

類比時代的電台宣傳 朱澤安｜文

在還是用傳統電話為唯一「即時通」聯繫的一九九○年，除了電話聯絡，見面就是最符合公關效益的利器。面對面是當時我們溝通流行音樂的最佳模式，而做為當時最成功的西洋音樂媒體、扛壩子電台非「中廣青春網 BCC AM Stereo」莫屬，各家唱片公司皆把當時位於現在「帝寶豪宅」的中國廣播公司當成重要競爭之地，唱片公司在這裡比藝人實力、Billboard 排行、播歌率、新曲風等，希望得到DJ們青睞，同時反映在播歌頻率上。但DJ們是有個性和風格偏好的，所以各唱片公司到最後還是平分秋色，誰也占不了便宜。

UFO飛碟唱片、PolyGram寶麗金唱片、Himalaya喜瑪拉雅唱片、EMI科藝百代唱片、BMG唱片、波麗佳音等主流唱片公司，全都將「青春網」視為最重要的西洋音樂電台，來強化自家藝人於電台的曝光率和播歌頻率；各家宣傳人員亦敵亦友，在青春網比誰的活動多、誰的播歌率高，但一踏離「青春網 Studio」，大家又是最好的音樂夥伴，交換當時最新、最火燙的CD Sampler，討論各家的強片，交換「員購」的福利，場裡和場外是一樣的熱鬧。

和宣傳人員互動最多的就是當時的「企製小組」，他們每個人都身懷絕技，音樂、樂器、錄音、活動、訪問樣樣精，所以我們也要有十八般武藝來配合「青春網」DJ們五花八門的鬼點子，企製小組是幕僚、DJ們就是主帥；我們宣傳們和主帥們互動最頻繁的就是開關他們的個人置物櫃。

在沒有串流音樂的年代，電台、通路 (Records Store) 就是音樂最即時的發聲舞台，唱片公司將大部分資源和力道都放在這兩個地方身上，當然有後來的MTV和Channel V等音樂電視頻道，這也是因為第四台普及之後。西洋藝人來台宣傳或表演皆會以電台和唱片行為走跳的重點，「青春網」就是當時唯一且獨占具備中、英文雙聲帶訪問能力的西洋音樂電台，同時是Live Broadcasting，對我們宣傳人員來說可是最重要的現場發聲基地。那時青春網Studio的隔音牆上佈滿了大大小小的藝人簽名，這就是唱片公司宣傳人員的小小成就感，安排了一場最直接和聽眾互動的場子。

當時BMG唱片幾個重要專輯發表：Guns N' Roses—《Use Your Illusion I & II》、

Nirvana—《Nevermind》、Whitney Houston—《The Bodyguard Soundtrack》、Eagles—《Hell Freezes Over》……都是在「青春網」節目上站上排行榜冠軍；搖滾、流行、金屬、鄉村、民謠、百老匯等音樂類型，在「青春網」裡都可找到相對應的DJ們，這就是「青春網」的特色和強項，媒體和DJ選對了，我們宣傳人員就達到事半功倍的加乘效果。

不僅活動、播歌、訪問，「青春網」還帶來了當時最新的音樂類型Grunge，開山祖師就是Nirvana，還有之後的Pearl Jam（喜瑪拉雅唱片），讓這些Alternative Music在台灣立足。

二十五年後，今年二〇一六年的一月三十日星期六（大家要補春節上班）的下午，離當時「青春網」不遠處、同樣是仁愛路的巷子裡，大家再度聚會來慶祝陶姐七十大壽，見到很久未見到的熟面孔，雖然當下沒辦法馬上一一叫出名字，但聊起西洋音樂後大夥就像吃了銀杏般立即恢復了記憶，西洋音樂把我們留在時光隧道裡的「青春網」。

當年苹芳與各家唱片公司宣傳聚會時的照片，這次撰稿的朱澤安、鄭明旻都參加了。

架起橋梁來 鄭明旻 | 文

中廣青春網的出現，台灣的西洋音樂樂迷從一個播放西洋音樂節目的時數很有限的歲月，一下子走進了一個每天有十二個小時播放西洋音樂的時代。

青春網是台灣第一個全中文化的西洋音樂電台頻道，這個頻道不只是播放TOP 40，另外還規劃了介紹節奏藍調、靈魂樂、重金屬搖滾、非主流搖滾、鄉村樂、爵士樂的節目，這在西洋音樂訊息在台灣的流通很有限的年代，無疑是提供樂迷接觸不同類型音樂的機會，更重要的是主持人在節目裡講的全都是中文，讓樂迷更容易去認識各類型音樂的歌手與樂團，無形中，增加了樂迷在接觸西洋音樂時的便利性。

在青春網成立沒多久，國際音樂集團也開始進駐台灣成立分公司，當時，我在BMG負責西洋音樂產品發行的職務，經常和擔任宣傳的同事聊到青春網增加了產品被聽見的機會，這樣的曝光機會促使我在排發行計畫時，能夠更勇於引進一些沒有排行成績加持的專輯，甚至歸納出Modern Rock現代搖滾樂系列專輯的產品線，讓樂迷能夠有更多樣的音樂選擇。

有了青春網這個點，連結了唱片公司與樂迷之間的線，加大了西洋音樂接觸的面。對於喜歡西洋音樂的樂迷來說，守在收音機旁就能吸收西洋音樂的訊息，這是一件令人感到開心的事，謝謝青春網，謝謝陶曉清女士的遠見，架起了西洋音樂愛好者之間的橋梁。

趙雅芬

主跑廣播報導青春網消息

趙雅芬，曾任職中國時報影劇新聞中心主任，我非常喜歡她深入的報導與精彩的文筆。回想起她初入新聞界時，主跑廣播。那時我們可並不知道廣播非影劇版的主流，只知道我們的新聞見報率算是相當高的。感激雅芬經過這麼多年仍然保有一份純真。這次找老資料，翻出當年雅芬寫的關於我的新聞報導，再一次意識到她是一位多麼認真負責的記者。

曉清

二〇一六年一月三十日 Party，
右起黃韻玲、林苹芳、趙雅芬、
趙偉娟、袁永興。

清新與前衛的空中園地　趙雅芬｜文

當年在中時影劇組當菜鳥記者時，第一個主線是廣播電台。

廣播消息當然是影劇版的非主流新聞，每天發稿，見報的機率少得可以。

倒從來沒有沮喪失意，光是結識好多好多仰慕的「熟悉聲音」，就滿足矣。

青春網的大家長陶姐是我從小的偶像，她的聲音充滿磁性和穩定，每次見到她，她都和藹可親的笑咪咪，後來聽說那個年代她常常為了捍衛青春網的「民主自由權」，很是傷腦筋，但她一肩扛起，青春網能無遠弗屆，最大功臣是這位溫柔而堅定的母親。

青春網網羅了好多人才，當年有事沒事，都會前往仁愛路的老中廣駐足，聽賈志筠、鄭華娟、楊嘉、賴佩霞說故事，增長了我的「女性自覺意識」。

庾澄慶、黃韻玲、黃舒駿也都是在那個時期就認識，後來主跑華語流行音樂，更多了一份熟悉的感覺。

青春網更是培育了不少新生代的DJ，像趙偉娟、袁永興、吳建恆、鄭開來等，他們熱愛音樂，對流行音樂史如數家珍，至今早已是獨當一面的主持人。

中廣青春網，在那個年代，是我跑廣播新聞的美好基地與回憶，那是一個打破傳統廣播格局，開創復古與流行，清新與前衛的空中園地，純然的音樂、純然的快樂、純然的聆聽。

今年一月，陶姐過七十大壽，她召集當年青春網的所有夥伴重聚，我也受邀前往。週末的午後，老朋友相認相擁，笑聲不斷，歡聲不絕，點點滴滴在心裡，過往回憶再度湧現，依舊是充滿感動與感激。

在青春歲月認識了這些青春之人，何其有幸，不枉青春。

一九九四年我的退休 Party，趙雅芬寫的報導，小標題說那些號稱把青春網搞垮的 DJ 們……
© 新聞內容「中國時報資料提供」

二〇一六年一月三十日趙雅芬（右一）專注地看著台上正在說話的人，旁邊是苹芳與偉娟。

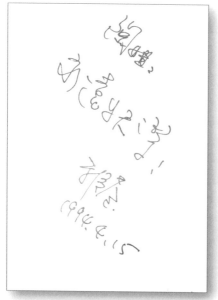

一九九四年，我退休時趙雅芬的留言手稿。

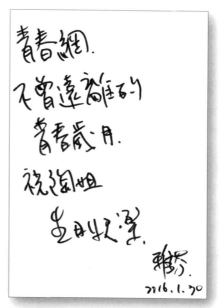

趙雅芬留言手稿。

歐銀釧

一直採訪青春網的記者

歐銀釧，《民生報》名記者。我一直很感激她在世芳結婚前來訪問我們母子，並送了一份好棒的禮物給我們——把訪問的全版報紙裱起來給我們一人一份，這禮物至今仍掛在我的書房裡。我對歐銀釧的印象是她一直都好積極，問起問題來鍥而不捨地非追出答案不可。我佩服她多年來在監獄中一直做著培養受刑人書寫能力的課程，又一直做著公益。

曉清

歐銀釧（中）二〇一六年一月三十日 Party
上與吳建恆（右）、方姚慎（左）相談甚歡。

在克勞斯咖啡收聽
一九八八年的中廣青春網 歐銀釧｜文

彷彿是青春的拼圖，二○一六年，我在台北市仁愛路的克勞斯咖啡，收聽一九八八年的中廣青春網。

二十八年了，有人說，那個在調幅網的廣播電台消失了。但是，對我來說，她一直都在。從來不曾覺得她消失了，而且，她就在心底一直發聲。

那是一個難忘的下午。二○一六的春天剛剛抵達。咖啡與紅茶的香氣滿屋。大家從各地專程前來。熟悉的臉孔穿梭。這是我記憶中的一幅風景畫，有聲音的油畫。將近三十年，中廣青春網像一幅風景畫，在眼前。

畫裡留駐青春時光，畫裡有節目主持人、有聽眾，還有無數的信件、歌曲、面龐。「青春網，播音中」這六個字住在我心裡。總監陶曉清給我一個春天的微笑和擁抱。一如往昔。

一九八八年青春網開播，陶曉清青春的心，帶著美麗音符，創立台灣第一個以青春聽眾為主，全天候播放西洋流行音樂的電台。許多年過去，青春未曾離開，一直停駐。節目部主任李志成深邃的黑眼睛凝視全場、熱情的「搖滾皇后」于婷迎面而來、陳美瑜俏麗的聲音響起、娃娃臉的趙婷帶著咖啡香氣走過……

一九九四年我退休時
歐銀釧的留言手稿。

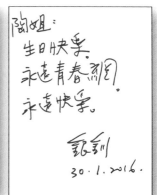

二○一六年一月三十日
歐銀釧的留言手稿。

● 陶曉清(中)在「KISS FM」電台與節目DJ(左)和接待人演彌關頎合影。

《廣播線上》
陶曉清訪美歸來有心得
將致力空中朋友"快速傾談"

記者 歐銀釧／報導

●陶曉清日前赴「民風果府」訪美返國演屬之行，參觀了美國三家本業電台、收穫豐盈，回國後他即致力投身於青春網設備。希望地遠個專業網路成為同業們的空中好友。

陶曉清此次參觀了諾嶼是洛杉磯最大電台的「Kiss FM」電台，該台是一個以擁放40名供行搖滾行歌曲為主的電台。DJ們在上下時所段社配合播出跳況、新聞，因此就有一系專門為報導況的直升機。

今陶曉清滾案的是，該台的電話點播可以多連10線，題要來

電點播十分方便，因此DJ與聽眾雙向溝通很快速。

另外，陶曉清也參觀了洛杉磯的K-Big電台，該台專門以播放成年人聽的音樂為主，已有40年歷史，4年前才隨著當年的青少年聽眾一起「成長」，播出仍具成熟質的音樂。此外，他也到紐約的WPLJ、POWER 95參觀，觀摹了該台充分利用電腦設備的成果。

陶曉清說，中廣青春網的設備跟他們比起來，幾乎差不多了。今後青春網將配合活動及雙向電話接觸，讓DJ與聽眾們成為空中好友，隨時保持快速的空中聯繫及知心的傾談。4/6

一九八八年春天，歐銀釧寫的報導，其中
提及為了青春網的籌設，我特別去美國加
州訪問了類似的 Kiss FM 電台。
© 新聞內容「民生報資料提供」

冷靜卻愛播重搖滾老搖滾的楊嘉暢談心情；熱愛重金屬的Robin帶著家人同行；喜歡播鄉村樂的蔣國男笑盈盈；還有爵士樂高手程港輝、播音也畫畫的賴佩霞、從電影中走出來的導演虞戡平⋯⋯
青春網好熱鬧，創作歌手庾澄慶（哈林）、黃韻玲、黃舒駿都來了。

「播音中」。于美芮在時光中烹調，她從法國課室裡兼程返來。許多年了，我讀著她的糕點書，在她的藍色書封中迷走。苹芳的酒渦，依然藏著體貼心事；綽號「魔頭」的企畫仍是充滿創意。

雅芬帶著書香而來，多年來她在文字裡記述歌與人的故事，我是她的讀者。鄧文娟，還是一樣雅致；鄭開來、袁永興，總是懷著新潮音樂風情⋯⋯

二十多年前青春網的助理吳建恆就在身旁。還那麼清瘦。彼時，他帶著新夢，現在，他在杯子蛋糕和咖啡館裡，繼續播音。我知道，他心裡有個玫瑰花田。

一九八八年創立的「中廣青春網」位於台北市仁愛路三段五十三號中廣公司，後來那地方變成豪宅。可是，青春網的聲音迴盪著。不曾停止，未曾消失。那些聲音在播出時就飄出去了。留在時光裡，不斷重播，加上記憶的聲音。不只聲音在記憶中繼續，那些來自各地聽眾的信件，那些文字和信封，那些郵票，在時光裡翻飛。

那時沒有網路。帶著一點時間和距離的信，帶著訊息。那是來自空中的迴音，另一種迴響。有些主持人喜歡收藏來自遠方，陌生卻又熟悉的聽眾來信。聲音出去了，歌曲播出了，除了頻道設定的範圍，偶爾會隨著風雨，隨著空氣飄到遠方，無遠弗屆。那不是可以設定的。

愛的音波是無限的，無法定頻，沒有界限。那些時光，那些往事繼續漂流在時光長河，成為美麗永恆的風景。

青春網，一九八八年八月十五日誕生。她從青春出發，一直在路上，勇敢向前行。「播音

中」。亮著紅字的播音室,節目主持人和聽眾說著話語,聽眾回應著心中的思索……。
企畫和製作助理人員在旁幫忙。

就在兩個月前接到青春網總監陶曉清邀請簡訊,上面寫著這是她七十歲的生日歡聚。
於是,我們從各地兼程奔來,在春日的聲音盛宴中,重聚。這是永遠年輕的歲月,這是
經過時光的相逢。

「生日快樂。陶姐。」

每一個來者都帶著將醒未醒的夢前來。

我們在青春網裡。

克勞斯咖啡入口。

吳建恆(左)、庾澄慶與林苹芳。

為我的七十歲慶生，少不了吹蠟燭、切蛋糕的儀式。

幾乎全員到齊，真是場面浩大！

再來一張！要更自由一些！！更歡樂一些！！！

聽眾

青春網的聽眾群是我們所有工作者最在乎的一群人，也是我們服務的對象。我從十八歲開始主持電台節目，那時在學校世新電台每週一到六，下了課都會到電台主持完節目才回家。我還記得有一次下大雨，回家得經過兩邊都是稻田的小路去趕公路局的車，走著走著突然一條青綠色的小蛇在我眼前出現，牠也很驚慌，匆匆打我身前竄過，滑入另一邊的田裡去。我站住了一會兒，出了一下神，就也像那條小蛇似的匆匆繼續我回家的路。我那時已經很清楚地知道自己會一直走廣播這條路，雖然學校電台功率很小，收聽範圍不大，但是我已經幾乎每天都會收到聽眾的信件或明信片了。那種感覺真是美妙啊。

我當時會義無反顧地接受籌備青春網的任務，其實也跟我多年來一直在關懷的青少年有關。我主持的熱門音樂節目，經常會收到類似的聽眾來信，表達他們的苦悶，他們在家中無法得到認同，在學校也無法得到肯定……。我自己多年來一直希望自己的形象是個正向的典範，真想讓誤解熱門音樂的所謂「大人們」能認同，聽熱門音樂的孩子，跟所有的孩子是一樣的，他們只是希望被接納、被看到、被關心、被認同的成長中的青少年，個個都是獨一無二的，跟我們一樣啊。所以我的興沖沖大概也感染了一起工作的夥伴們吧！青春網的聽眾們給我們的回應，是我們最在意的。

負責青春網的工作時期，我的兩個孩子剛好也是在青春期，我那時真的不知道他們是不是忠實的聽眾，不過後來我有機會認識了從聽眾成為週末主持人的鍾大澧，更有緣的是我們的一位忠實聽眾陳孟朮，竟然會成為我的兒媳婦！感謝他們為這本書增添了顏色。

網住青春台上好不熱鬧，前排右起林瓊瓏、賈志筠、Robin、鄭開來、王海玲、王子敬、我。

網住青春由青春網的主持人輪流主持，右起鄭開來、賈志筠、我。通常這樣的演出都會現場直播，由於節目時間是晚上六點～七點，楊嘉往往是留在電台播音室轉播的主持人。

「網住青春——擋不住的感覺演唱會」，是由可樂產品贊助的大型戶外活動。

青春網幾乎每年辦大型戶外活動，這又是一次歡樂而成功的紀錄。

葉雲炫

于婷節目的忠實聽眾

葉雲炫是于婷的忠實聽眾,聽說我們需要聽眾寫的稿,他毫不猶豫地就寫了來。我們看到他是如何地與于婷在空中偶遇的,然後從此就成為她的死忠粉絲。我還要謝謝他寄來了當時在服役中的照片,配這篇文章真是太恰當不過了!

曉淯

這是我服役時在衛哨所拍的照片。

于婷,一直沒有機會跟妳說一聲謝謝,特別是在兵變的那一段日子,妳傳來的笑聲與搖滾樂,讓我的心痛,至少舒緩了五個百分點。 ──葉雲炫

草綠服與薔薇花　葉雲炫｜文

那是一九九二，台灣解嚴還不到五年，台中東勢山區的一個彈藥庫。廢棄的排部前，有一個小荒園，我曾無意間，發現一朵薔薇花，嬌媚如遠方的她，就在眼前。雖然，在某一個冬天的清晨，她斷裂了。

我穿著草綠服，揹著57步槍，總是百無聊賴。夏天的蛇，冬天的飛鼠，五月灑下滿地的油桐花，軍旅生涯裡，有一半的時間，我在站衛兵，也在惦念遠方。水泥搭建的衛哨所，大約有二分之一坪，平常沒有長官來巡視時，我會索性把槍放在一旁，拿個空彈藥箱，愜意地坐在哨所門口讀小說。心，也開始飛翔。

偷情的《包法利夫人》，視死如歸的《刺鳥》，還有史坦貝克用最溫柔的文字，刻劃一段最辛酸的友情──《人鼠之間》。兵變的傷神，在優美文學裡，稍稍得到釋放。但沒有人知道，我暗藏在衛哨所角落裡的一台收音機，才是真正解放靈魂的小祕密。它是我趁休假時，偷偷帶回來的寶貝，外型不到手掌大，旁邊有一個轉盤，能聽FM調頻，但山中訊號微弱，只能聽到AM調幅。當年的調幅，多半是賣藥電台，主持人天花亂墜一番，然後放送台語情歌；女人的哀怨哭腔，還有男人的低沉呢喃。

某一天，我厭倦了哭腔與呢喃，試著撥動轉盤，搜尋其他聲音。當下，一個女主持人的嗓音吸引了我，她很愛說話，很愛笑，語調很活潑，那是于婷。我在寂靜山林裡驚覺，她似乎有源源不絕的能量，說不完的音樂故事，從遠方的錄音室裡，傳達過來。因此，總在傍晚時分，當部隊同袍送來晚餐，我會一邊吃飯，一邊聽她的節目《六點現場》。這個節目播的是搖滾樂，當時我們稱「另類音樂」，事實上，它並不另類，它很自由。還記得我的第一張英文唱片，是十五歲時買的Beatles精選輯，如果談啓蒙，我的搖滾樂種子，其實來自披頭四；那是一種吶喊，源自對生命的熱情與反叛。

當年的兵，並不好當，士官一個月才五天假，平常部隊准許通信，也能在規定的時間打公用電話，其餘時間，就是數饅頭等退伍，苦悶，不足以形容個中滋味。然而，《六點現場》的搖滾樂，就像是一把鑰匙，解開了禁錮靈魂的枷鎖。

狂放的旋律，與嘶吼的歌聲，穿透了凝結的時空，恣意帶我飛越山林，到我想去的地方，在那一刻，搖滾樂的自由基因，灌入我的血液，我總會短暫忘卻我身上正穿著草綠服，也忘卻我在失去摯愛的斷裂裡，有多麼心碎。於是，在中央山脈的某一處，曾有一個阿兵哥，總會在晚間放飯時，偷偷把鋼盔脫下，步槍擱在一旁，聽著搖滾樂，享受片刻的自由時光，他一直到現在，都很難忘。

鍾大澐

不只是聽眾

鍾大澐來到青春網時，我第一個印象是她的眼神。其中透露出來的聰慧自不在話下，但我也看見了一些不以為然，她對當時最流行的排行榜似乎有著一絲不屑，彷彿她最愛的較重口味的音樂才能入她的耳。也因為如此，她只能主持週末與週日時段的節目。不過這孩子的意志力驚人，她對自己的選擇是不會輕易放棄的。從楊嘉那兒聽說，鍾大澐與一些搖滾迷們一起編了一份手寫油印報，全是談搖滾樂的，我相信這份對搖滾樂的熱情不會終止。我也感激在忙碌中，她願意寫下當年自己的成長。

曉清

鍾大澐當年編的報。

二〇一六年一月三十日 Party 時，鍾大澐正在說話，她的兒子也想用麥克風說話，我跟陳孟术在一旁看得好開心。

悸動與感恩 鍾大澐｜文

十七、八的年紀，青春揮霍的季節，熱情在心中炙熱而奔放無處宣洩，直到找到搖滾樂，彷彿替青春找到一處棲息喘息之地，彷彿找到一位比自己更了解自己的朋友。懷抱在內心不能說、不敢說、不敢做的這位朋友，很有義氣一股腦全說了、做了。那種被理解與釋放的心情，二十幾年過去，仍記憶猶新，彷彿昨日。

當年，身旁同學多半喜歡國語歌與西洋流行樂，原本註定孤單的搖滾歲月，卻因為青春網的出現，在台灣不同角落共同聆聽同一個節目，透過楊嘉與Robin的節目，將一個個原本孤單的搖滾魂相互連結。不相識的陌生人，擁有相同搖滾樂的熱血，相同靈魂的迷惘，在青春網相遇。

每天傍晚，在書桌前打開楊嘉的節目。凌晨，在書桌前打開Robin的節目，聽著熟悉的聲音，介紹一首首在台灣難得在其他任何節目聽到的冷門搖滾樂，陪伴我、陪伴許多搖滾魂，度過那個青澀難以被他人理解的歲月。楊嘉與Robin總是熱情地回應聽眾們的信件與來電，詳細介紹著每個樂團，細心滿足每位搖滾迷的渴望。很難想像，如果少了那些陪伴，自己的青春歲月是否可以找到另一個同樣溫暖的出口，滋養當時叛逆卻脆弱的心魂。

當年雖然沒有網路，但青春網就扮演著同樣角色，牽起許許多多喜愛音樂的樂迷們。透過青春網，原本流浪的搖滾人，找到了連結彼此的網絡。透過同樣對音樂的熱情、同樣的迷惘，與看似同樣的叛逆，我們找到了夥伴，可以一同分享音樂、分享心情，共同度過那段輕狂時光。

雖然事隔二十幾年，但現在寫著寫著，當年那個在書桌前看著惱人書本、心中懷抱音樂夢的年輕女孩，卻很鮮明的在心中，一切是那麼真實，所有經歷過的，的的確確烙印下鮮明的痕跡，留下歲月的悸動與感恩。

每個年代，都有屬於自己的腳印。在我的年代，青春網，還好有你。當所有節目都追尋主流的同時，還好有你的堅持，留給我們這些人一塊小小的園地，在這塊園地，我們可以大聲地做我們自己。任何年代，這樣的堅持都不簡單，都會被懷念。

|||

陳孟尤

和青春網的深厚結緣

在孟尤與世芳的結婚典禮上，連孟尤的媽媽都不得不承認，她的女兒比較像我。他們剛開始談戀愛的時候，我跟世芳、家棟在法國旅行。我們住在一個郊區的民宿裡，每天晚上吃完晚餐就討論一下次日要去哪裡玩耍，之後世芳就會在點好了蠟燭的小桌前，用心地寫情書。第二天出門第一件事就是找郵筒把信寄出。而他們戀愛長跑八年之後，終於結成連理。

如今我們一家人雖然經常分處各地——孟尤常常出差，我也經常出國，但是家人之間的line群組，緊緊的聯繫著我們。

我讀這一篇文章是很感動的，絕不只是因為她是我的家人，而是因為她下筆從容，娓娓道來當年的往事，其中處處都是真情。

曉清

陳孟尤穿新娘禮服，我跟親家母坐在她
兩旁，請大家看她是不是更像我一些呢？

結緣記　陳孟尤｜文

我們這輩出生的時候，多半家裡都有彩色電視機了，隨著電視的普及，廣播在日常生活中的角色逐漸位移，從客廳移居書房，從家裡移到車上，路途中聽的節目，往往比在家裡聽的還長。不過，準備聯考的學生例外，為了逃避大人世界的一切，耳朵裡無時無刻都得塞著音樂，沒有Spotify的年代，廣播是最便利的管道，打開節目就開啟了一扇任意門，能去到意想不到的時空，進入不同的故事。下一首播放的歌曲，沒準就是未來幾十年鍾愛的音樂，是這些無可預料，造就了廣播的獨特吸引力。沒想到，廣播不只伴著我長大，還參與了許多重要的人生時刻。

幼稚園的時候，聽過幾次《小球說故事》，多半是從林園阿嬤家回前金區舊家的路上，夜色漆黑路燈稀疏，爸爸怕我們車程漫長無聊，於是打開電台《小球說故事》給我和弟弟聽。我們年紀太小印象不深，當時節目裡說了什麼故事，早已不復記憶，倒是羨慕節目裡那個故作正經的小男孩「小球」，覺得他運氣真好能上電台說故事。怎麼會曉得，這個廣播裡的小球就是馬世芳，三十年後還拿下廣播金鐘獎流行音樂主持人獎。

上學以後，得到長輩送的一台紅色三洋卡座收音機，附贈一盒二氧化鉻金屬帶的布蘭德斯鋼琴獨奏曲，多半是為了古典音樂啟蒙吧？我和弟弟時興玩一種把戲：這台機器放在書桌旁，功課做得無趣，就守著電台節目，一等主持人報歌名，立刻按下錄音鍵把喜歡的歌錄下來自製專輯，包括〈張三的歌〉、〈十七歲女生的溫柔〉、〈我要的不多〉……

不久，正好趕上中廣青春網開播，解嚴之後媒體各家爭鳴，廣播主持形式多承襲以往四平八穩的風格，中廣青春網是其中的異數，主持人平均年齡比較輕，大半來自流行音樂圈，節目風格多變，即興的現場主持風格有強烈個人色彩，比ICRT的

二〇一六年一月三十日 Party，我介紹陳孟尤請她說自己青少年時聽青春網的往事。

DJ還活潑。

AM頻段真不好調，類比式的指針更增加了難度！從《民生報》上刊載開台消息到我鍥而不捨調上，已經過了一星期。報上有鄭華娟和Tim主持的《音樂盒》單元，教一些好笑的日常英語，多半是插科打諢的流行俚語。當時學校英文太簡單，我會打開來聽一下，順便做一會兒功課。《音樂盒》的兩個主持人，一個說歪果忍國語，一個說怪腔怪調的英語，害我不時分心哈哈大笑，枯燥的作業不一會就寫完了。

中廣青春網是我的音樂啓蒙

國三，強大的聯考壓力下同學熱衷收聽李方、林致怡《飛行天線》，不僅因為節目內容有趣、充滿當時流行的西洋音樂，更因為後一小時開放的call in專線，同學間簡直瘋魔得不得了，連著好幾天比賽、競相打call in，家裡電話整個晚上被占據，惹得我媽三令五申警告。有一晚真給我打進去，已經是節目結束最後一通。國中小女生語言單純，打進去緊張得腦筋一時空白，只會結巴囁嚅說些什麼點給○○國中三年十六班全體同學，電話中拿不定主意要點什麼歌，李方當機立斷，給播了〈Because I Love You〉。隔天到學校，受到班上同學英雄式的歡迎，結束了令人臉紅的少女時代。

回想起來，中廣青春網是我的音樂啓蒙，流行之外，R&B、Jazz、New Age、Adult Contemporary……都在青春網上偶遇，變成為賦新詞強說愁年代的背景主題曲。多年之後我在青春網聚會中遇見DJ袁永興，終於鼓起勇氣告訴他，高中時是怎麼聽他的節目認識新世紀音樂。高中生閒時憂愁，時間與感情都敢大把揮霍，而George Winston、Andre Gagnon、西村由紀江的鋼琴孤獨又冷冽，宜於陪伴文藝少女寫稿，情緒飽滿時文思泉湧，下筆如神，大概是這輩子最有文采的時刻了。

成年之後我偏愛爵士樂，歸功於當年程港輝的青春網節目。爵士樂抽象的樂句艱澀難懂，不規則節奏繁弦急管和噪音只有一線之隔，程的音樂品味極好，主持風格麻利不囉嗦，儘管沒有刻意說明爵士樂沿革，只偶爾交代樂手生平與小故事，出色豐富的音樂選材也足夠引起我的興趣繼續往下發掘。放學時分我會走到離校不遠的「宇宙城」、「學友」、「玫瑰」唱片行，找找節目提及的那張Joshua Redman Quartet的《Moodswing》，或者翻找圖書館裡的《非主流音樂》月刊專欄與唱片評鑑，收集企鵝指南上的星星專輯，只為了更了解爵士樂。

中廣青春網陪我安然度過高中、大學聯考，還提供了我一條感情線索。我以前是個「最後一分鐘人」，上學趕學校鐘響前滑壘進校門，週末不玩到接近上床時分，不會打開作業簿準備功課。眼看時間一分一秒過去，只好一邊打開收音機，一邊寫週記。我是這時候聽到藍傑《回到未來》節目的，並且非常狐疑這個名叫馬世芳的傢伙，怎麼週

週都來當固定來賓，而且講一個團好像不講個七八週不過癮似的，整個學期都在Led Zeppelin……那好聽的柔軟的聲線，想像中馬世芳長著一副張雨生書獃子般的乖乖牌臉孔，無止境的自溺經典搖滾節目，陪伴我每一個振筆疾書的週日深夜。如果我那幾年週記寫得特別精彩，馬世芳的節目應該可以貢獻個兩三分吧？史詩般的節目內容，有時使我不支睡去，再睜眼已是週一清晨，十分鐘內再不寫完上學要遲到啦。感謝這一切，讓我能練就簌簌的工作好效率。至於真正結識這個名字，豐富我的人生，那已是十多年後的事了。

二〇一六年一月三十日我與世芳、孟术開心地坐在一起為台上的人加油。

青春網是藝人的終極宣傳站

青春網一開始的format是幾乎完全以美國排行榜中的流行歌曲爲主，週一到週五的daily節目，規定主持人播出歌曲比例爲：百分之七十要用電台的first rotation，這些歌都錄成匣式帶，按照順序放在播出控制台最方便取得的地方。另外百分之三十主持人可以按照自己的喜好播出歌曲。

週六週日的weekly節目，因爲有特定的主題，所以沒有任何限制。

青春網的format換過兩次，後來變成西洋歌、國語歌的比例各占一半。

由於要成爲青春網的主持人，最被要求的就是英文會話的能力，而且發音也都被要求要盡量標準。所以許多國外的藝人都很喜歡來青春網接受訪問。

因此，在節目播出時間常常會有唱片公司的宣傳帶著藝人來上通告。

回頭看看，我再次認爲能夠跟那麼多志同道合的主持人 —— 我們都熱愛音樂 —— 共事，眞的是好幸福的事！

作爲受訪者，如果發現主持人事前做好功課，問的都是到位的問題時，立即會跟主持人產生一種信任感，談話間態度馬上就不一樣了。

我相信這也是爲什麼雖然青春網只在調幅網播出，收聽效果不及調頻，但仍然有好多藝人願意來上通告的原因！
受歡迎的藝人來訪，剛好在現場的助理或企製也都沾光，紛紛與藝人合照。

歌手與主持人的難得一瞬間

就是因為青春網的每位主持人各自有不同的品味，而成為當時唱片公司發片時最愛安排藝人來上節目的頻道。我們的主持人中英文俱佳，也因此受訪者感到被看見、被尊重。

有些主持人從不留照片，可也有的人幾乎每次訪問歌手，都會留下照片。每次有受歡迎的藝人來訪，剛好在現場的助理或企製也都沾光，紛紛與藝人合照。

一些主持人與知名藝人的合照：

賴佩霞不記得是誰幫她拍的這張訪問 Michael W. Smith 的照片了，黑白的感覺特別有味道。

于婷在訪問 David Foster 時，心中想著的是：「能見到流行音樂界的超級製作人真是超級幸運！」

接受賴佩霞訪問時，梁朝偉提起小時候受到功能不彰家庭的影響很深，也因此而憂鬱過，幸好能慢慢克服。

張學友告訴賴佩霞，他曾經在生命低潮時酗酒，幸好自己後來能很有毅力地走出來。

訪問 Lenny Kravitz 後跟他合影時好興奮，身為粉絲的于婷，在美國還親眼見著他於演唱會後騎著重機離去，超酷！

Scorpions 是于婷小時候就喜歡的德國搖滾樂團，竟然出現在眼前，真不敢相信他們很活潑喔！

陶曉清訪問 Laura Branigan，牆上貼著她一九八八年的唱片《The Best Of Laura Branigan》的小海報。她不幸已經在二〇〇四年八月去世了，享年四十七歲。

賴佩霞在訪問張艾嘉時最深刻的記憶是她提到自己是多麼的愛孩子。

潘越雲來青春網宣傳她的新專輯，從服飾看，她從那時就愛民族風的打扮了。

Color Me Badd 在接受訪問時，于婷邀請他們現場 Acapella（清唱），果然實力了得！

Enya 是位非常特別的藝人,她會送給每位訪問者一個小禮盒,而且都編上號碼。這個小禮盒楊嘉到現在都還保存著。

鍾鎮濤邀請賴佩霞帶女兒去他住的酒店游泳池,跟他的孩子們一起玩。他那時是來宣傳他跟當時的太太合唱的歌。

Celine Dion 在日本演唱會後的深夜專訪,于婷訪問她的時間已經遠超過經紀人(即後已離世的丈夫)的要求,面對提問多多的我們,她疲憊卻誠懇地一一回答。

趙偉娟說這張照片對她富有意義,她希望跟娃娃一樣,永遠充滿熱情,又總是這麼和藹可親。

英國女子團體 Eternal 受訪時，于婷記得當時問過她們
彼此之間的相處之道，後來四人變三人。

Kenny G. 受訪時，于婷看著他，真
心覺得學音樂的人就是有氣質。

Mr. Big 在台灣巡演前接受于婷訪問，難得全員到齊。主唱還主動提及小時候在台灣生活過呢！

特殊風格的常播歌單
來自唱片討論會

青春網所播出的歌曲，主要是根據美國Billboard雜誌的每週更新最新排行榜，但是我們也一直希望建立我們自己的風格，因此就產生了唱片討論會。

青春網的工作人員每個月會有一次會議，基本上大部分主持人與所有的企製人員都會參加。這個會議多半談的是節目內容、活動或是電台政策相關的問題，我們也在這個會議上安排同一受訪者盡量不在同一天出現。

另外有一個會議是我非常喜歡的，就是大家分別聽一些CD，然後在會議上討論。在這樣的討論中，常常會有非主打歌被推薦出來，成為青春網的常播歌單（rotation）。我們的常播歌單並不由我決定，而是大家在會議上討論出來的。當然在第一優先的歌單中一定有許多美國排行榜，但是我們還有第二優先與第三優先的歌單。這也是青春網不全跟著美國流行排行榜走，而時常會有自己特殊風格的原因之一。

不過，這樣的討論會並不是每一個主持人每次都要參加，我記得我幾乎每次都到，因為我一直喜歡跟人分享音樂，也願意聽其他人的意見。其他主持人則是定期輪流。參加者會在來開會前仔細聽整張CD，並且寫下簡單的評語，會議中先口頭分享。之後就把簡介放入CD中，提供給其他主持人參考。現在看起來，這似乎就是音樂人交流協會的唱片討論會的前身了。

後來青春網結束時，不知這些附加了各位主持人評語的CD流落何方，聽說中廣公司後來曾經拋售一批。真不知道若是有人在買二手CD時，看到類似的夾在CD中間的小紙條，會不會珍惜這是當時某個青春網主持人的寶貴意見。

聽眾點歌與
十大芭樂歌曲

在青春網週一到週五的節目，幾乎都會有開放聽眾點歌的時段。關於點歌的趣事，許多主持人與助理都在他們的文章中談到了。

青春網的同事們聚會時，有人提起如果把大家最愛點播的歌曲整理出來，一定會很有趣，於是我們就開始規劃票選青春網時期，最常被聽眾選播的十大芭樂歌曲。

感謝于婷全然的投入，完成了這項艱鉅任務。

在建恒的克勞斯咖啡聚會時，我們花很多時間討論什麼是芭樂歌曲。

十大芭樂歌曲選拔的故事

于婷｜文

青春網結束後，大夥們各自忙碌，但我們時不時都持續著人數不一的一些聚會，直到二〇一三年，拜科技之賜有了更多方便的通訊軟體，使我們可以聯絡上許多失聯的青春網親朋好友們，也因此有了較多人數更多的聚會。

在每次的聚會中，大家常常提到青春網當年的種種，大夥兒都覺得這些往事過水無痕真是可惜，終於某天陶姐通知大家要開始提筆寫稿，邀大家對留下紀錄這件事情認真以對，我們開始有了許多關於出書的會議。

在無數次青春網親朋好友聚會中，大家津津樂道好玩的事項之一，就是青春網芭樂歌，雖然當年眾DJ、企製、助理各自音樂喜好的屬性都很分明，但還是常有機會在頻道內聽到膩到會想吐、助理接點播電話接到手軟的歌曲，我們稱為「青春網大芭樂」，卻也都很好奇真正大家認定的大芭樂會是哪些歌呢？二〇一五年底在出書籌備會議中，我們決定於陶姐生日派對上，以三十首青春網芭樂歌進行最終十大票選。（芭樂歌的定義是當時你聽到或我們播到很XX、很膩的歌，雖然不一定是經典歌曲，但通常是當時大家喜歡的洗腦歌。）

大家在克勞斯開會討論關於二〇一六年一月三十日Party 的事，也決定了十大芭樂歌曲投票的方式。

大家開會時真的很投入。

二〇一六年一月始正式啓動了票選活動。首先我們將二〇一三年至二〇一五年青春網親朋好友大家提供的曲目，PO在Facebook上的青春網粉絲俱樂部，再加上粉絲們的意見，從七十二首陸續補充到九十一首後，進行了第一輪票選。

這波票選經由大家（青春網親朋好友＋粉絲）熱烈參與，終於在派對前順利選出了進入最終票選的Top 30。

青春網大芭樂 Top 30

1. (Everything I Do) I Do It For You—Bryan Adams 1991
2. All Out Of Love—Air Supply 1980
3. Always—Atlantic Starr 1987
4. Because I Love You—Shakin' Stevens 1986
5. Careless Whisper—George Michael 1984
6. Carrie—Europe 1987
7. Don't Worry, Be Happy—Bobby McFerrin 1988
8. Everytime You Go Away—Paul Young 1985
9. Forever Young—Alphaville 1984
10. How Am I Supposed To Live Without You—Michael Bolton 1989
11. I Hate Myself For Loving You—Joan Jett And The Blackhearts 1988
12. I Just Called To Say I Love You—Stevie Wonder 1984
13. I Swear—All-4-One 1994
14. I Will Always Love You—Whitney Houston 1992
15. Ice Ice Baby—Vanilla Ice 1990
16. I've Never Been To Me—Charlene 1977 (Re-Release 1982)
17. Last Christmas—Wham! 1984
18. Love Is Love—Culture Club 1984
19. Never Gonna Give You Up—Rick Astley 1987
20. Never Say Goodbye—Bon Jovi 1987
21. Nothing's Gonna Change My Love For You—Glenn Medeiros 1987
22. Physical—Olivia Newton John 1981
23. Right Here Waiting—Richard Marx 1989
24. Saving All My Love For You—Whitney Houston 1985
25. Take My Breath Away—Berlin 1986 (Top Gun Soundtrack)
26. The Final Countdown—Europe 1986
27. The One You Love—Glenn Frey 1982
28. To Be With You—Mr. Big 1991
29. Together Forever—Rick Astley 1988
30. Unchained Melody—The Righteous Brothers 1965 (1990第六感生死戀Ghost Soundtrack)

二〇一六年一月三十日Party，大家審慎投下自己心目中的芭樂歌。

大家用「正」字方式畫票，投過票的人才能簽名。

賴佩霞投票。

黃韻玲投票。

陳美瑜投票。 庾澄慶投票。

一月三十日陶姐生日派對當日所有的嘉賓（中廣主管＋青春網成員＋媒體好友＋青春網時有往來的唱片公司好友＋粉絲）都是我們最終票選的評審，當天也有些曲目同票，還好嘉賓都在現場，遇到同票就唱票重選。

這期間值得一提的是：最初提名預選名單時，多數人認為〈Because I Love You〉必定會是我們芭樂歌的榜首，殊不知首輪名單中除了一九八六年Shakin' Stevens的〈Because I Love You〉，另外還有一首一九九○年Stevie B的〈Because I Love You (The Postman Song)〉，第一輪初選時Shakin' Stevens即以高票入圍，Stevie B則是第一輪複選被剔除的八首之一。而Glenn Frey（Eagles老鷹合唱團的創始團員）的〈The One You Love〉，原先我們預估會進入十大，但以芭樂歌的標準來說應不致成為冠軍，事實上在第一輪初選時票數也的確不算太高，最終會得到芭樂歌冠軍，想必是和他剛於二○一六年一月中旬離世，喚起大家許多回憶和不捨而得到的票數吧。

DJ 票選十大「芭樂歌」

楊嘉｜文

1. The One You Love — Glenn Frey 1982

票選前兩天，傳來Glenn Frey過世的消息，腦海中立刻想起二〇〇四年，他在新加坡演唱會上不斷舞動的身影。「老鷹」合唱團的舞台上，無論誰在唱歌，他總是目光的焦點。唉！忽然覺得現在的歌迷有點可憐，錯過了這一個風起雲湧的時代！

2. Everytime You Go Away — Paul Young 1985

說到Paul Young，于婷就很激動，倒不是因為特別喜歡他的歌，而是他以這首歌走紅歌壇時，曾來台灣開演唱會，于小姐訪問過他，發現他分外配合，讓青春網的DJ留下深刻的印象。

3. Because I Love You — Shakin' Stevens 1986

當年的青春網，只要有聽眾開口點這首歌，無論DJ或助理，大家一起嘆氣：「又來了！」當年台灣流行的西洋歌，多半跟著美國排行榜走，這首歌卻是大例外，在市場上異軍突起，如果真要以聽眾點播來論「芭樂歌」排行，這首歌很可能就是冠軍。據說當年有位國語女歌手難得到青春網接受訪問，DJ請她點首西洋歌，結果⋯⋯大家又嘆了一次氣！

4. Last Christmas — Wham! 1984

無論是不是聖誕節，都有人點這首歌，點到《飛行天線》的李方與致怡都快抓狂。「對不起，換一首George Michael的歌好嗎？」做DJ其實是一件很卑微的事。

5. Nothing's Gonna Change My Love For You — Glenn Medeiros 1987

這首歌和〈Because I Love You〉一樣，在青春網的點播次數驚人。八〇年代中期過後，走過台灣唱片行，很難不被這兩首歌轟炸，躲都躲不掉。如今唱片行

（如果還能生存的話）的景況已大不相同，由於要收取公共播放費，現在走入唱片行，是一片安靜，一整條唱片街毫無忌憚、大播歌曲的瘋狂景象已成歷史奇觀。

6. Unchained Melody — The Righteous Brothers 1965

一九九〇電影《第六感生死戀》拍攝的時候，一位天才想到用這首歌作為男女主角製陶的背景歌曲，影像浪漫，歌曲恰到好處，使這部電影席捲全球票房。當時正值青春網開播後一年，當年的老歌也翻身成為當紅歌曲。

7. I Hate Myself For Loving You — Joan Jett and the Blackhearts 1988

不記得Joan Jett這位搖滾女悍將是否曾來台灣開過演唱會，不過她曾來台進行宣傳之旅，就是推廣包含這首歌的專輯。初聽這首歌，就覺得是Joan Jett延續〈I Love Rock 'n' Roll〉的佳作，歌名也很有趣，記得稍早Bonnie Tyler唱過一首〈Loving You Is A Dirty Job (But Somebody's Gotta Do It)〉，兩首歌名都很直接，兩位女人都很性格。

8. Right Here Waiting — Richard Marx 1989

Richard Marx是「芭樂歌」的歌手中，來台演唱最多次的歌手，也可以說是「芭樂歌王」。二〇一六年三月還曾在台開過演唱會，他的抒情歌曲已經成為五、六年級生的共同回憶。

9. I Just Called To Say I Love You — Stevie Wonder 1984

這首歌是電影《紅衣女郎》（The Woman In Red）的主題歌，經常和Chris de Burgh的〈Lady In Red〉這首歌混在一起，是兩首完全不同的歌。對觀眾或是DJ來說，這首歌太適合電話點歌了，不過記憶中並沒有人用這首歌對DJ示愛。

10. Take My Breath Away — Berlin 1986

八〇年代的電影《捍衛戰士》（Top Gun）是一個時代的代表作，這首歌是其中的主題曲。Berlin這個團體當紅的時候，曾經來台做宣傳，女主唱個子嬌小，不過很有個性，她一把推開身邊保鑣，慢步走向觀眾的身影，到現在還記得很清楚。

青春網網慶與活動

青春網是在一九八八年八月十五日開播的，每年到了五、六月期間，大家就都會研究今年的網慶要怎麼過，由於聽眾多是熱血的青少年，因此大家思考的方向多半是到戶外舉行演唱會。從一九八九年起到我離開前，我們每年都會至少有一次盛大的演唱會。我們曾與八仙樂園合作，也曾去貢寮的海水浴場舉行演唱會，還有一次是在中正紀念堂廣場搭台演出。

除了大型的活動，我們也常有跟聽眾互動的活動，更別提我們自己吃喝玩樂的各種聚會了，幸好我們多數時候會留下一些照片做為最好的見證！

青春網的網慶

這些是在青春網二週年、三週年與四週年生日時拍的照片。

一九九二年網慶時 Tommy Page 也來祝賀，
還有東方快車合唱團與林暐哲（後排左二）。

一九九二年青春網生日。

一九八九年青春網二週年，買志筠拿著大家簽了名的 T 恤，她後面是忙著拍照的藍傑。

青春網三歲生日快樂，在仁愛路中廣公司前。除 DJ 外，還有小虎隊、紅孩兒一起來祝賀。

三週年慶活動時，我跟小虎隊在遊覽車上合影。

大型演唱會

下面是在中正紀念堂演出時的照片。

在中正紀念堂的演唱會「推愛」，青春網跟中華民國群我倫理促進會合辦的。

我與合作單位負責人合影。這次活動的關鍵詞句是「伸出友善的手、展開關懷的心——由近到遠」。

配合推愛活動，賴佩霞訪問群我倫理促進會發起人趙耀東先生。

公益活動

參加捐血中心的活動。

我跟劉冠佑一起主持與
捐血中心合辦的活動。

青春網同事也都捲起袖子一起去捐血。
前排右起：楊嘉、林苹芳、陳美瑜、
鄭開來、我、李方，正在捐血的是
Robin，後排右起：傅仕倫、廖國麟。

吃喝玩樂

這也是絕不可少的活動。

某年耶誕節大家相約穿紅衣與綠衣合照。

青春網在賈志筠規劃下,常有吃喝玩樂的聚會。這次是在圓山飯店聚會。

澎湖遊──看得出來天氣有多熱吧。

大家來我家辦了個壽司派對,我正在示範怎麼自己包各種材料。

之後大家就自己包著吃起來了。

青春網的節目表

青春網的節目時時有所調整，這裡列出不同年代的幾個當年的節目單，包含時段、名稱、主持人，提供給讀者參考。最初的播出時段是從中午開始，後來變成傍晚五點。全台灣各地的中廣總台與分台以及頻率包含：

台北總台 657
新竹電台 882
苗栗電台 1413
台灣電台 720
嘉義電台 1350
台南電台 1296
高雄電台 864
台東電台 819
花蓮電台 855
宜蘭電台 1404

青春網 1988 年 12 月節目表

每週	時段	節目名稱	DJ（英文名）
一～五	12:15—14:00	午 安 陽 光	薛岳、楊黎蘇 庾澄慶、黃韻玲、周華健
	14:00—16:00	1416 下午茶	陶曉清
	16:10—18:00	立 體 時 空	張培元（Peter）
	18:00—20:00	強 力 放 送	楊嘉
	20:10—22:00	音 樂 盒	Tim + 鄭華娟
	22:00—24:00	飛 行 天 線	李方 + Sally
	24:10—02:00	夜 貓 子	龔懷主（Robin）
六	12:15—14:00	午 安 陽 光	朱衛茵
	14:00—18:00	排 行 榜	嚴謹
	18:00—20:00	週末音樂會	李文媛
	20:10—24:00	週 末 狂 熱	賈志筠
	24:10—02:00	寧 靜 海	虞戡平
日	02:00—07:00	美麗星期天	王贊元
	08:00—10:00	輕 鬆 時 間	李重周（Eddie）
	10:00—12:00	鄉 村 歌 曲	蔣國男
	12:10—14:00	新 鮮 派	趙偉娟
	14:00—16:00	新 音 樂	程港輝
	16:10—18:00	露天咖啡座	林致怡
	18:00—20:00	誰 來 晚 餐	庾澄慶
	20:10—22:00	回 到 未 來	藍傑
	22:00—24:00	即興的靈感	賴聲川
	24:10—02:00	夜 貓 子	龔懷主（Robin）

青春網 1989 年 7 月節目表

每週	時段	節目名稱	DJ（英文名）
一～五	12:13—14:00	午 安 陽 光	朱衛茵（1,3,5） 薛岳（2）、庾澄慶（4）
	14:00—16:00	1416下午茶	賈志筠
	16:10—17:00	工 商 時 間	陳玲玲
	17:00—18:00	立 體 時 空	林致怡
	18:00—20:00	強 力 放 送	楊嘉
	20:10—22:00	音 樂 盒	Tim + 鄭華娟
	22:00—24:00	飛 行 天 線	李方
	24:10—02:00	夜 貓 子	龔懷主（Robin）
六	12:13—14:00	鄉 村 路	蔣國男
	14:00—16:00	排 行 榜	陶曉清
	16:10—17:00	工 商 時 間	陳玲玲
	17:00—20:00	誰 來 晚 餐	嚴謹
	20:10—24:00	週 末 狂 熱	賈志筠
	24:10—02:00	午夜音樂會	李文媛
日	02:00—07:00	直 到 天 明	龔懷主（Robin）
	08:00—10:00	輕 鬆 時 間	鄭開來
	10:00—12:00	輕 鬆 時 間	賴佩霞
	12:15—14:00	新 鮮 派	趙偉娟（Laura）
	14:00—16:00	新 鮮 派	王海玲
	16:10—18:00	露 天 咖 啡 座	林致怡
	18:00—20:00	露 天 咖 啡 座	林瓊瓏
	20:10—22:00	回 到 未 來	藍傑
	22:10—24:00	即興的靈感	賴聲川
	24:10—02:00	寧 靜 海	胡茵夢

青春網 1992 年 1 月節目表

每週	時段	節目名稱	DJ（英文名）
一～五	17:00—18:00	立 體 時 空	賈志筠
	18:10—20:00	強 力 放 送	楊嘉
	20:10—22:00	八 　 點 　 檔	陳美瑜
	22:10—24:00	飛 行 天 線	李方
	00:10—02:00	夜 貓 子 (2-6)	鄭開來
	02:10—05:00	大 夜 班 (2-6)	于婷（2） 袁永興（3） 劉冠佑（4） 賴佩霞（5） 蔣國男（6）
六	17:00—18:00	音 樂 貴 族	劉冠佑
	18:10—20:00	鄉 村 路	蔣國男
	20:10—22:00	城 市 週 末 夜	朱衛茵
	22:10—24:00	排 　 行 　 榜	陶曉清
	00:10—02:00	節 拍 110	鄭開來 ＋ 田淑美
	02:00—05:00	直 到 天 明	崔可銓
日	17:00—18:00	露 天 咖 啡 座	袁永興
	18:00—20:00	新 　 鮮 　 派	龔懷主（Robin）
	20:10—22:00	回 到 未 來	藍傑
	22:10—24:00	沒有約會的晚上	于婷
	00:10—02:00	零 點 十 分	賴佩霞
	02:10—05:00	夜 　 行 　 者	王海玲

尾聲

我是在一九六一年考上了世界新聞專科學校的五年制專科，開始學習有關廣播電視的種種。一九六三年暑假我去學校電台找當時的台長劉鐵軍老師，問他我能不能在暑假漫長的假期中，到學校電台跟著學長姐們實習。我依稀還看到劉老師當時笑咪咪地看著我的樣子。我的電台生涯就此開始。

在世新電台跟著學長們的學習，是我非常難忘的經驗，我跟在他們的後面，學習如何上盤帶、如何清洗錄音機的磁頭、如何使用麥克風、怎麼做訪問、怎麼演廣播劇、怎麼參加廣播小說的主講或擔任演員。我的第一次採訪經驗與主持經驗都在那山頭上小小的錄音間裡發生。

我曾經在一九六五年寫過一篇文章在學校的刊物《世界報》上發表，標題是〈我的第一次播音〉。

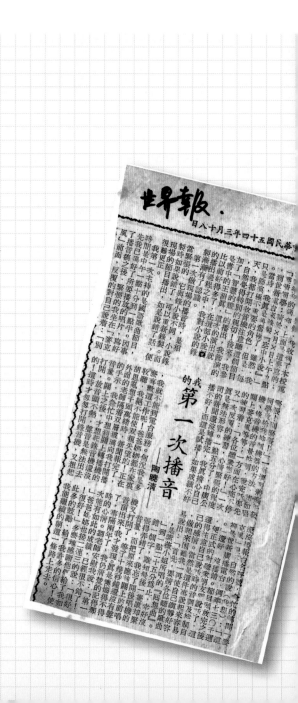

當年報紙刊登的文章。

學校電台給我增加了許多的經驗，特別是主持了一年的《空中歌選》節目。然後我在三年級的暑假就到中廣去實習了，那是一九六四年，我十八歲。當時最受歡迎的幾位前輩：樂林、張凡、宏毅等人，專門為了那一年的幾個實習生而設計了各種課程。暑假結束後，我們還被留下來當儲備播音員，我又更幸運地在一九六五年的暑假接手主持《熱門音樂》節目。

這一個公務出入證一直用到一九八七年年底。

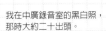

我在中廣錄音室的黑白照，那時大約二十出頭。

又過了十年之後，我在節目中播出楊弦創作的一些民歌，而鼓勵了許多創作人，展開了民歌的風潮，那又是另外的故事了。

回顧自己的廣播生涯，曾有過幾次的波濤洶湧。調頻廣播剛試驗成功時，我就在張繼高先生的帶領下，成為第一批轉到調頻去做節目的主持人。當時因為絕大多數的家庭都只有調幅收音機，要收聽調頻電台的節目，必須買新的收音機。所以已經很有名的節目，都不想動，怕沒人聽。但是我們都深信調頻時代的來臨，必然帶給愛聽音樂的人更好的享受。果然，我先到那裡去等來了我的聽眾！

青春網同事的合照。

主持節目是我非常享受的事，但是中廣公司面臨第一次重大轉型時，我真的考慮過是否要辭職。電台通知我們要自己去找廣告，因為公司決定獨立出來，不再像從前由政府編列預算了。我當時的認知是這樣的，若是沒有廣告的支持，只要有人帶著廣告看中我的時段，我就要讓出來。那時我天人交戰，因為混亂而不知何去何從。我詢問了一直在我心目中所敬重的張繼高先生。我清楚地記得他告訴我的話：「做節目的人不要去拉廣告，如果找不到支持妳的廣告代理公司，妳還年輕，還能考慮改行。」

我在青春網 DJ 置物櫃前獨照。

後來我幸運地找到從不干涉我做節目的滾石傳播代理我節目的廣告。一直到我離開調頻網為止。

青春網是我的又一次重大抉擇，我選擇了跟很多人一起創造一個新的頻道，開始的氛圍與運作都很順暢，但是這畢竟跟當年從調幅增加調頻不一樣，大家已經熟悉了在調頻聽好聽的音樂，雖然當時中廣立體調幅網確實做到了提供好聽的聲音，不過收聽方一定要再買新的立體調幅收音機才可以，而提供立體調幅的電台又只有一家。

廣告業務也是個難題，開播時的廣告滿檔其實是個假象，當時業務部要求在調頻有時段的代理公司分段承包青春網的業務。後來大家叫苦連天，原因就在於廣告主認為再好的收聽率都沒用，那時的認定是青少年的購買力太弱。（請參見 P103）

回頭看我那時的日記，經常是很不快樂的。我的煩惱很多，最常出現的想法是我要離開電台工作了！

青春網最終是在一九九四年的六月二十日正式走入歷史，我則早在之前已經不再是它的總監，只負責主持一個叫做《心情氣象台》的節目了。

後來我真的從中廣退休了，開始了在台北之音的另一階段廣播生涯。我終於結束台北之音的工作而離開廣播時，以為就此廣播會退出我的生活了，沒想到因為乳癌，加入乳癌病友協會，又成為「牽手之聲——Can Cheers」網路電台的台長，再次展開另一段關於電台的夢想……

幾年後，在一次關於悲傷與失落的課程上，我

在仁愛路中廣公司招牌前合照，右起：我、楊淑娟、藍如雅、劉冠佑、吳建恆。

跟許多學員分享著自己生命中的各種失落。同一個小組的賴佩霞突然發現：「陶姐，為什麼在妳的失落中，沒有青春網？」

我可能在那時候還不想面對這生命中算是重大的失落吧……

如今在經過了那麼多年之後，生命到了老年階段，看事情的角度與態度又不一樣了，這次我不再把它看成是重大的失落，而看作是個重要的學習，是個重要的收穫。

謝謝當年跟我一起共度青春網的所有朋友！

我在台北之音播音的照片。

感謝

這本書的出版感謝寫稿的、接受我訪問的所有青春網的老朋友們！

特別是在需要大家的授權書時，我竟然在一個月之內收集完成四十七份授權書，這些人可是散居在世界各地啊！

謝謝楊安妮從二〇一五年秋天就一直參加我們的聚會，成爲我每一篇稿子的第一個讀者，她的細心與耐性幫了我好大的忙。

謝謝吳建恆、林苹芳，幫忙籌畫二〇一六年一月三十日的 Party 以及出書後的活動。

謝謝于婷負責「十大芭樂歌曲」的選拔。

謝謝楊嘉從頭一直幫忙到最後，I can't make it without you!

謝謝大塊出版社珮丞的提議，使這本書在風格上更完整，閱讀起來也更順暢。

謝謝郝明義先生提出專業的修正建議，使本書在結構上更精確，我非常佩服！

謝謝趙少康、蔡詩萍幫我寫序，他們是我工作多年的電台——中國廣播公司與台北之音目前的負責人。

謝謝馬世芳、陳孟尤夫婦，二〇一五年廣播金鐘獎我親自頒了兩個獎項：「最佳流行音樂節目」、「最佳音樂節目主持人」給世芳，成爲廣播史上的一段佳話，那麼兒子替媽媽的書寫序，媳婦也現身說法，細數當年還是聽衆時的往事，這個過程也可以成爲另一個美麗的故事吧。

陶曉清
二〇一六年八月十一日

國家圖書館出版品預行編目資料

那些在青春網的日子 / 陶曉清編著.
- 初版. - 臺北市 : 大塊文化, 2016.09
256面 ; 17× 22公分. - (Mark ; 119)
ISBN 978-986-213-720-8
平裝557.76 105012047
1.青春網廣播電臺

557.76   105012047

LOCUS

LOCUS